长江三角洲地区
服务外包产业
空间格局、机理及效应研究

STUDY ON THE SPATIAL PATTERN,
MECHANISM AND EFFECTS OF
THE SERVICE OUTSOURCING INDUSTRY IN THE YANGTZE RIVER DELTA

肖 琛◎著

图书在版编目（CIP）数据

长江三角洲地区服务外包产业空间格局、机理及效应研究/肖琛著．—北京：经济管理出版社，2019.8
ISBN 978-7-5096-6667-8

Ⅰ.①长⋯　Ⅱ.①肖⋯　Ⅲ.①长江三角洲—服务业—对外承包—产业发展—研究　Ⅳ.①F726.9

中国版本图书馆 CIP 数据核字（2019）第 122875 号

组稿编辑：赵亚荣
责任编辑：赵亚荣
责任印制：黄章平
责任校对：王纪慧

出版发行：经济管理出版社
　　　　　（北京市海淀区北蜂窝 8 号中雅大厦 A 座 11 层　100038）
网　　址：www.E-mp.com.cn
电　　话：（010）51915602
印　　刷：北京玺诚印务有限公司
经　　销：新华书店
开　　本：720mm×1000mm/16
印　　张：12
字　　数：183 千字
版　　次：2019 年 8 月第 1 版　2019 年 8 月第 1 次印刷
书　　号：ISBN 978-7-5096-6667-8
定　　价：52.00 元

·版权所有　翻印必究·

凡购本社图书，如有印装错误，由本社读者服务部负责调换。
联系地址：北京阜外月坛北小街 2 号
电话：（010）68022974　　邮编：100836

前言 Preface

20世纪90年代以来，随着现代信息通信技术的发展及经济全球化进程的不断加快，世界经济发生了广泛而深刻的变化。欧美等一些发达国家为了节约生产成本，提高企业竞争力，纷纷把一些非核心服务业务转移到一些发展中国家，服务外包应运而生。作为服务业国际转移、服务全球化的主要方式和增长引擎，服务外包在全球范围内分工协作，成为一种新型的全球产业组织形态。伴随全球经济一体化、经济转轨、产业升级等内外环境变化，发展服务外包也成为区域参与全球竞争的重要内容。根据商务部规定，服务外包是指企业将价值链中原本由自身提供的具有基础性的、共性的、非核心的IT业务和基于IT的业务流程剥离出来后，外包给企业外部专业服务商完成的经济活动。本书以我国对外开放程度高、产业基础雄厚、转型发展迫切的长江三角洲（以下简称长三角）地区作为实证区，着重分析区域尺度上服务外包产业空间分布的格局演变、驱动机理以及发展效应，以期为区域内部合理发展服务外包业务以及相关产业政策调整提供导向和优化建议。

本书依托地理学、经济学等经典理论，在基于成本—收益视角对服务外包产业的内在动力进行一般均衡分析的基础上，引入了由发包方—接包方地理区位差异导致的企业成本—收益的变化分析，考察了全球化、信息化以及服务化的外部过程对区域尺度上服务外包产业空间演变的影响，构建了解释服务外包产业空间聚散规律和机理的理论分析框架。在此基础上，本书将区域尺度上服务外包产业的集聚和扩散过程分为三个基本阶段，不同阶段区域内服务外包的程度和空间分布都会发生相应变化。

本书在梳理全国服务外包产业发展现状的基础上,将长三角地区服务外包产业的发展历程分为:20世纪90年代初期至90年代末期的萌芽阶段、90年代末期至2005年的起步阶段、2006年至今的发展阶段。本书在对长三角地区服务外包集聚格局的实证研究中,综合运用区位熵、空间基尼系数、核密度估计等空间分析方法,深入探讨了2000年以来服务外包产业的总体格局和产业演化集聚特征。结果表明:长三角地区服务外包产业已形成了以上海为龙头,沿"宁—沪—杭—甬"一线的服务外包产业带的发展格局。上海、南京、杭州、苏州及无锡五个被认定的示范城市引领了长三角地区服务外包产业的发展。从演化过程看,长三角服务外包发展经历了较为明显的集聚和扩散过程。其中,2000年前,服务外包企业主要集聚在上海;2005年前后,苏州、杭州等示范城市开始成为集聚中心;如今宁波、泰州、嘉兴等新的外包中心不断崛起。

本书采用问卷访谈和计量回归等方法,深入分析长三角服务外包聚散格局演变的影响机理。在对政府主管部门、外包园区以及外包企业多个主体调研的基础上,从发包商关注承包商的关键要素、外包企业选址的关键要素、外包企业发展的关键要素角度,分析了区域尺度上服务外包产业空间分布的驱动机制,并总结了服务外包企业发展的四种模式,包括本地具有涉外背景的外包公司发展模式、跨国公司在本地开设外包子公司发展模式、制造业服务化外包公司发展模式以及传统信息产业外包公司发展模式。结合调研访谈及定量回归的综合判定,市场和人力资本可以归结成影响服务外包企业发展的核心要素。

本书从服务外包产业发展正面贡献以及服务外包产业发展负面问题两个维度出发,综合评价了长三角地区十六城市服务外包产业的发展效应,并基于对长三角地区十六城市外包发展潜力的评价,讨论产业未来的发展趋势。研究发现,不同城市服务外包产业发展潜力及贡献强度存在显著的区域空间差异。上海、南京、杭州、苏州、无锡五个外包示范城市的综合潜力指数最高,具备开展服务外包产业的良好环境和突出优势,而从产业发展贡献的评价结果看,镇江市服务外包产业的发展贡献强度超过了其他城市。这表明,当前长三角地区服务外包产业发展存在贡献—潜力不匹配的现象。政府主管部门为促进产业发展,制定相关产业政策时,需要综合考虑服务外包产业发展需要的环境和条件,使外包产业能更好地为促进区域发展做出贡献。

目录 Contents

1 绪论 **1**
  1.1 问题的提出 3
  1.2 相关概念界定 9
  1.3 研究思路、研究方法与章节安排 17

2 相关研究回顾与评述 **23**
  2.1 服务外包产生及演进过程的研究进展 25
  2.2 服务外包产业空间分布的研究进展 29
  2.3 服务外包产业效应评估的研究进展 35
  2.4 小结与评述 43

3 服务外包产业时空演变的理论分析 **45**
  3.1 基于成本—收益的服务外包企业选址的均衡分析 47
  3.2 外部要素对服务外包企业选址的影响分析 55
  3.3 服务外包产业空间演化模式 63
  3.4 服务外包产业发展效应 65

4 长三角地区服务外包产业发展历程 **69**
  4.1 我国服务外包产业发展概况 71

4.2 长三角地区服务外包产业发展历程 ………………………… 76

5 长三角地区服务外包产业发展格局 ………………………… 85
5.1 研究方法 ………………………………………………… 87
5.2 总体格局特征 …………………………………………… 90
5.3 不同类型产业集聚特征 ………………………………… 99
5.4 产业演变特征 …………………………………………… 101
5.5 小结 ……………………………………………………… 105

6 长三角地区服务外包产业空间分布机理 …………………… 107
6.1 驱动机制分析 …………………………………………… 109
6.2 机理定量分析 …………………………………………… 114
6.3 服务外包企业发展模式分析 …………………………… 119
6.4 小结 ……………………………………………………… 124

7 长三角地区服务外包产业发展效应及潜力研究 …………… 125
7.1 正面贡献 ………………………………………………… 127
7.2 负面影响 ………………………………………………… 132
7.3 发展潜力讨论 …………………………………………… 134
7.4 小结 ……………………………………………………… 144

8 结论与展望 …………………………………………………… 145
8.1 主要研究结论 …………………………………………… 147
8.2 可能的创新点 …………………………………………… 150
8.3 研究不足与展望 ………………………………………… 150

参考文献 ………………………………………………………… 153

附 录	171
附录 A	171
附录 B	173
附录 C	176
后 记	178

绪 论

20世纪90年代以来，随着经济全球化进程的不断加快，世界经济正发生广泛而深刻的变化。现代信息和通信技术的发展，打破了古典贸易理论"服务不可转移"的假设（Malone et al.，1987；Brynjolfsson et al.，1994），服务贸易在世界上迅速发展，成为全球经济增长的新引擎。服务业的国际转移已成为21世纪经济全球化新的重心，服务的生产、消费和相关生产要素的配置跨越国界，各国服务业相互渗透、融合和依存，服务全球化趋势不断增强（Braga，1996；江小涓，2008）。其中，服务全球化中最引人注意的现象就是服务外包的迅猛发展。本书以我国开放先驱和经济实力最强的长江三角洲地区为案例，讨论和分析在经济全球化背景下，服务外包产业空间格局演变的规律、机制以及效应特征，旨在对经济地理相关理论有所补充，为长三角地区服务外包产业的合理发展提供借鉴。

1.1 问题的提出

当前，全球产业结构正呈现出"工业型经济"向"服务型经济"的转变，服务业快速增长，已成为世界经济发展新动力。随着全球化竞争加剧与网络通信技术的快速发展，欧美等一些发达国家的企业为了节约生产成本、提高竞争力，纷纷把一些非核心服务业务转移到成本较低的国家，如中国、印度等发展中国家（谭力文和田毕飞，2006），服务外包应运而生。服务外包作为现代服务业的重要组成部分和先导产业，代表着服务业乃至世界经济的未来发展方向。如图1-1所示，随着全球服务外包市场的规模迅速扩大，以国际服务外包以及技术研发环节转移为主要特征的新一轮世界产业结构调整正在兴起。《世界是平的》一书的作者 Friedman（2006）认为，服务外包通过新技术改变了企业传统的业务流程和成本结构，其以全球价值链为特征的生产和贸易方式，成为企业整合全球资源、组织和控制国际服务贸易的主要方式，这些因素驱动世界经济越来越走向"平坦化"，是推动世界改变的最重要的力量之一。根据商务部《中国服务外包发展报告（2007）》，服务外包是指企业将价值链中原本由自身提供的具有基础性的、共性的、非核心的 IT 业务和基于 IT 的业务流程剥离出来后，外包给企业外部专业服务商完成的经济活动。近年来，作为服务业国际转移、服务全球化的主要方式和增长引擎，服务外包在全球范围内分工协作，成为一种新型的全球产业组织形态（江小涓，2008）。该种组织形态一方面使组织能专注核心竞争力的提升（Prahalad and Hamel，1990；J. B. Hilmer，1994；Gilley and Rasheed，2000），另一方面也带来了产品（服务）价值链和产业链的分解与重构。服务外包产业在全球不同地区之间形成了相互分工协作的链条，成为服务业全球分工的

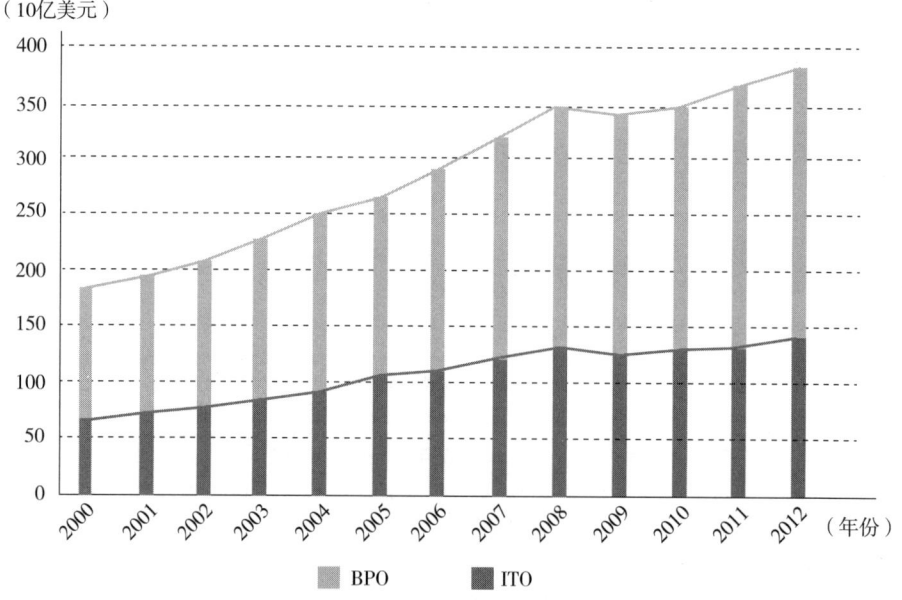

图 1-1　近年来全球外包市场规模

资料来源：根据 Accenture《世界服务外包发展趋势和中国服务外包市场现状》等整理。

主要载体,进一步深化了经济全球化进程(季成和徐福缘,2011)。在全球化、区域一体化日益深化的今天,经典的亚当·斯密的绝对优势理论、李嘉图的比较优势理论以及赫克歇尔—俄林的要素禀赋理论等,在详细解释服务外包这一国际资本转移的新趋势(UN,2006)时显得难以到位。同时,服务外包又具有与制造业国际转移不同的机制、特点、路径及影响。因此,有必要对这一新兴国际服务业转移的主流方式进行研究解释。

服务外包产业是国际分工日益细化的产物。当前,国际外包已经掀起了新一轮全球经济大潮,跨国公司大力提倡和实施服务外包,以推进其全球制造、全球营销和全球研发的战略安排。以跨国公司为主体的发达国家服务业外包如火如荼,改写着新一轮世界经济版图。随着全球化继续深入发展,世界经济一体化的趋势愈加凸显。大力承接服务外包,是推动经济国际化的有效路径。当前阶段,越来越多的国家和城市积极主动地承接国际服务外包转移,努力提升在国际服务外包产业链中的位置。在此背景下,作为服务业国际接轨、国际合作的必由之路,服务外包不仅是我国经济结构调整和增长方式转变的重大机遇,更是我国从更深层次融入经济全球化的重要战略抉择(刘志彪,2007)。面对日趋激烈的国际竞争,我国应将服务外包置于何种层面的战略地位,如何科学地实施服务外包,使其成为促进我国经济崛起的新的重要力量,迫切需要对服务外包开展相关方面的理论和实证研究。

自改革开放以来,我国在全球经济中的竞争优势主要体现在低成本制造方面。通过承接跨国公司的制造外包业务(代工或加工),我国成为著名的"世界制造工厂"和"全球生产中心"。然而,长期以"高投入、高消耗、高污染、低效益"为特征的粗放型经济增长模式,日益受到环境、资源和原材料等因素的制约,迫切需要实现经济发展模式的转变。在成功抓住全球制造业转移的重大发展机遇之后,服务外包成为我国进一步融入经济全球化的重要引擎。作为世界经济新一轮产业转移的新趋势,服务外包具有信息技术承载度高、附加值大、资源消耗低、环境污染少、吸纳就业能力强、国际化水平高等特点(简兆权和伍卓深,2010),承接服务外包已成为发展中国家融入服务业国际分工体系的重要渠道,以及与世界经济接轨的重要途径。特别是，随着外包内容从"微笑曲线"中间的中低端服务部门向两端的高级服务部门的逐渐转移，表明以高附加值为特征的知识产业在全球的扩散效应正在加强（刘志彪，2007），也意味着我国有机会、有条件进入更深层次的全球经济一体化进程（见图1-2）。

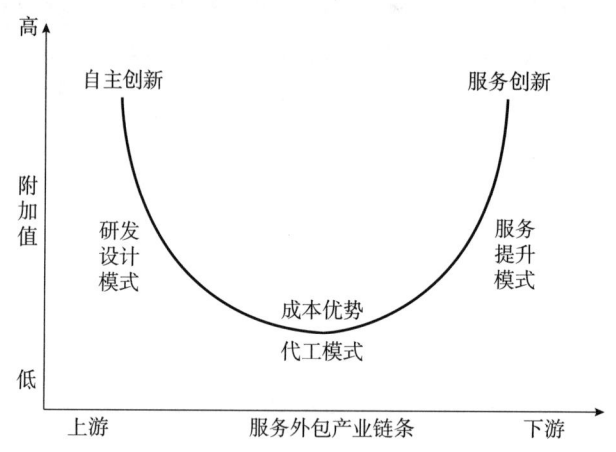

图1-2 服务外包产业微笑曲线

资料来源：周立群，马宝鹏．天津市服务外包产业层级分析及对策建议［J］．天津经济，2010（12）：8-10．

面对全球服务外包的大趋势，我国要在这场产业转移中扮演何种角色？是继续制造业外包承接模式，维持低端普通岗位—低要素分工—低附加值的格局，还是积极创造条件，以新的方式拓展吸收外资的新领域，努力实现产业链向高端环节攀升的转变？为了抓住全球服务外包转移带来的难得历史机遇，中国政府空前重视，将"服务外包"视为经济第二次腾飞的重要启动点，并积极出台各类政策支持，从国家战略高度上推动服务外包产业发展。2009年，国务院办公厅批准北京、天津、上海、重庆、大连、深圳、广州、武汉、哈尔滨、成都、南京、西安、济南、杭州、合肥、南昌、长沙、大庆、苏州、无锡、厦门（2010年新增）21个城市为中国服务外包示范城市，并在21个示范城市实行一系列鼓励和支持措施，加快我国服务外包产业发展。如今，"中国服务"已快速崛起并为世界所瞩目。然而，国内关于服务外包的理论研究却刚刚开始,远远滞后于日益变化的产业发展。当前,外包热潮已席卷全世界各行业,面对日趋激烈的国际竞争,如何科学地发展服务外包,使国内产业能赢得和保持竞争优势,已成为各级政府的当务之急。因此,深刻解析服务外包这一经济全球化新现象产生的区位机理和发展条件,研究服务外包对中国区域经济的效用及影响,有助于我国更加积极地应对经济全球化的挑战以及更好地利用这次发展机遇,使服务外包为增强我国综合国力服务。

需要指出的是,发展制造业外包与发展服务业外包并非简单的替代关系,而是一定产业基础之上的提升(刘志彪,2007),需要从全新的理论视角对其进行阐释。然而,服务外包从出现到兴起,不过二三十年时间,仍属于世界经济研究领域的新课题。Prahalad 和 Hamel(1990)、Quinn(1999)、McIvor(2000)、Fahy 和 Smithee(1999)等管理学家从供应链分工、企业核心竞争力等方面阐释了服务外包的产生与发展;Feenstra 和 Hanson(1995)、Arndt(1997)、Porter(1996)、杨小凯和张永生(2001)、卢锋(2007)、江小涓(2008)等经济学家则从产品内分工、交易成本、全球价值链与不完全契约等角度研究服务外包发生发展的理论基础。总之,目前研究多是从发达国家发包方的视角展开的,承接国视角的服务外包研究较少。同时,由于服务外包本身的观测较为困难,有关描述与定量判断仍有待深入。因此,对服务外包的概念定义、特征属性、发生根源、发展历程的内在机理进行理论阐释尤为重要。

此外,从国内研究进展看,现有研究主要集中在讨论分析国外案例对我国的经验借鉴以及国内发展服务外包产业的战略意义等方面(简兆权和伍卓深,2010;冯之浚和于丽英,2007;张磊和徐琳,2006),对服务外包产业的空间分布格局、驱动机理以及空间效应的研究还十分薄弱。另外,研究以全球—国家尺度为主(韦畅,2006;刘志彪,2007;任志成和张二震,2008),由于难以获取企业层面的数据和缺乏合适的模型,对区域尺度的服务外包空间格局及驱动机理研究较少触及,相关效应研究亦尚待展开。然而,只有在深入剖析服务外包产业发展格局、重要影响因素以及产业发展效应的基础上，才能更好地理解服务外包产业的发展规律、预测服务外包未来的发展趋势，进而为服务外包在我国的长远发展提供有参考价值的政策建议。

综上，本书选择服务外包为研究命题，以长江三角洲地区为案例区，从服务外包承接方的视角出发，拓展区域尺度上服务外包产业的研究。之所以选择长三角地区进行研究，主要基于以下几个方面的原因：首先，长三角地区是我国经济实力最强、最具增长潜力的地区，一直担当我国改革开放、承接国际产业转移的先行示范区。在国际金融危机冲击的大背景下，曾经在承接国际制造业转移中大显身手的长三角，目前迎来了国际服务业转移加速的良机。其次，国务院批准的《长江三角洲地区区域规划》，提出了长三角全球重要的现代服务业中心的战略定位，确定了长三角制造业及服务业双轮驱动的发展战略；而且从目前发展现状看，由于受土地、资源、人力资本上升等因素制约，长三角制造业生产及效益陷入"瓶颈"，经济发展正面临战略转换（万斌，2005）。根据《进一步推进长江三角洲地区改革开放和经济社会发展的指导意见》，"加快调整产业结构，形成以现代服务业为主的产业结构"成为当前长三角经济工作的重要内容。最后，根据《中国服务外包发展报告》（中国服务外包研究中心，2009），长三角地区的服务外包示范城市表现突出，合同执行金额占全国示范城市总额的64.7%，企业个数、就业人数、合同签约金额均占到总量的一半以上。

因此，以长三角地区为研究对象，深入探讨服务外包产业产生的区位机理和发展条件，总结区域尺度上服务外包产业的发展过程及空间规律，解析服务外包对区域经济及区域一体化的效用及影响，具有典型的代表意义。本书着重解决以下问题：

（1）服务外包产业的空间分布格局如何演变？有什么特征？

（2）服务外包产业产生发展的区位条件和驱动机理是什么？

（3）服务外包产业对区域发展的效用及影响是什么？

本书从地理学角度出发，研究区域尺度上服务外包产业的发展规律，可以为外包研究提供新的理论视角与方法参考。从外包承接方的角度出发，通过总结长三角地区服务外包的发展过程以及存在的问题，深化了对服务外包这一新事物的认识，可以为指导产业发展积累有益经验。同时，通过对服务外包发展的综合效应的分析，可以为合理发展服务外包业务以及相关产业政策的调整提供一定的借鉴与参考。

1.2 相关概念界定

"做你做得最好的，其余的让别人去做。"——企业只关注自己的核心竞争业务，将生产和经营管理的一个或几个环节交给最擅长的企业去做，已经成为全球企业重要的战略思想和经营管理模式。在这种经营理念下，美国通用仅生产飞机的核心部件——发动机，英特尔公司仅生产计算机芯片，耐克不生产鞋子，只抓住设计、营销两个环节。除了这些将业务外包出去的大公司外，很多有实力的企业也在承接外包，抢占服务外包的市场。例如，惠普为宝洁公司在全球 160 个国家提供 IT 基础设施管理、数据中心运营、终端用户支持、网络管理、应用开发及维护支持等服务，药明康德为全球 70 多家制药公司提供新药研发服务，客户包括了世界前 20 名药厂中的 18 家。这些都是服务外包的典型案例。虽然服务外包在商业领域的开展已经十分广泛和流行，然而其理论分析方面还存在很多争议。本节首先明确服务外包的定义、范围、分类和特点，以便为后文分析奠定基础。

1.2.1 外包的概念

外包（Outsourcing），是"Outside Resource Using"的简写。根据维基百科的定义，外包指将承包合约之一部分甚至全部，委托或发交给承包合约当事人以外的第三人，以节省成本、或集中精力于核心业务、或善用资源、或获得独立及专业人士的专业服务等。Monczka 等（2005）认为，外包就是将服务或生产功能本来由企业内部提供的转向外部的提供者购买。卢峰（2007）将外包定义为：外包是指企业在保留特定产品生产供应基本定位前提下，对生产过程涉及某些环节区段的活动或工作，通过合同方式转移给外部厂商来承担。根据表1-1对目前文献中外包概念的归纳整理可以发现，外包概念的关键在于企业将部分生产或服务环节通过合同方式转移给外包供应商。外包与普通订单生产的区别在于外包涉及的对象一般是服务和中间产品（吕延方，2009）。此外，外包的发包方和接包方之间是更为亲密的伙伴关系（刘海虹和王长征，2003）。

表1-1 外包概念的界定

提出者	概念的界定	时间
Loh 和 Venkatraman	外部供应商从事与企业整体或部分生产设施相关的物资或人力资源活动	1992
Kotabe	由来自世界各地独立的供应商向企业提供产品或零部件和成品的活动	1992
Willcocks 等	为获得预期结果，把组织部分或全部信息技术和相关服务交给第三方管理	1994
Lei 和 Hitt	企业依赖外部资源制造部件或者从事其他增值活动	1995
Altinkemer	把一个组织的部分或全部IT职能转包给外部供应商的行为，由供应商代表组织利益进行管理	1995
Grover	把组织的部分或全部IT职能交给外部服务供应商的实践	1996
Gilley 和 Rasheed	从用户到供应商的资产转移，由供应商负责外包业务	2000
Monczka	将本来由企业内部提供的服务或生产功能转向外部提供者购买	2005
Sen 和 Islam	运用外部资源完成过去用内部资源进行的经济活动	2005
卢峰	企业在保留特定产品生产供应基本定位前提下，对生产过程涉及某些环节区段的活动或工作，通过合同方式转移给外部厂商来承担	2007

资料来源：尹建华，王兆华，苏敬勤．资源外包理论的国内外研究述评［J］．科研管理，2003，24（5）：133-137．

根据外包内容的性质，可以将外包分为制造外包（Manufacturing Outsourcing）与服务外包（Service Outsourcing）。20世纪90年代开始，在传统的制造业外包发展继续扩张的同时，服务外包开始兴起，而且其发展势头大大超越了传统的制造业外包，成为外包领域发展最快的组成部分。区分制造外包和服务外包的界限并不取决于发包方的产业属性，而是所涉足的外包业务（特定工序）的属性。服务外包实际上既涉及制造业领域内生产者服务活动的外部化，也涉及专业服务活动内的若干工序的外部化，并不局限于服务部门（第三产业）。两者区别如表1-2所示。

表 1-2 制造外包与服务外包的区别

区别	制造外包	服务外包
外包内容	基于专业化分工的中间品或者最终成品	外包对象宽泛且随着用户要求而具有延伸性
技术标准	以工业技术标准为核心	包括质量标准、技术标准和其他"软"要求
外包贸易	中间品贸易	服务贸易
信息技术关系	相关程度不大	信息技术运用与外包内容和市场需求高度相关
专业化分工	以生产者导向为主,外包对象相对固定	基于用户导向,应对市场变化内容更新快
转移条件	在资源、空间和设备等方面的要求相对高	在资源、空间和设备等方面的要求比较简单
人员交流	少数人例如采购或项目经理之间沟通	交流主体多,服务提供商常常和项目经理直接与最终用户互动
交流内容	特定产品的生产要求	包括流程和管理在内更宽泛的内容
生产要素影响	对蓝领工人影响大	对白领工人的影响更大
产业影响	对相关制造业的效率和竞争力带来影响	不仅对特定服务业,对其他产业也带来影响(尤其是知识密集型服务业影响广泛)

资料来源:黄烨菁. 国际服务外包的技术效应 [R]. 上海市经济学会学术年刊,2009:289-301.

1.2.2 服务外包的概念、分类与业务范围

1.2.2.1 服务外包的概念

关于服务外包(Service Outsourcing)的概念,学术界与产业界还没有形成统一的认识。冯之浚和于丽英(2007)认为,服务外包是指企业将本来自身执行的非核心服务生产职能,以商业的形式发包给外部企业去执行的过程。卢峰(2007)指出,"服务外包是在产出不变时,把部分服务投入环节转移到外部完成的管理方法或分工形态"。朱胜勇和李文秀(2009)认为,服务外包是指企业将内部的某些服务活动或者职能通过合约的方式转移给外部服务供应商的过程。简兆权和王广发(2010)认为,服务外包是指企业通过利用专业化团队来承接其非核心业务,从而使其回归核心业务,达到降低成本、提高效率、增强企业核心竞争力和对环境适应力的一种管理模式。可

见，学术界对服务外包的定义是建立在外包定义基础之上的，即将外包环节中的服务部分剥离出来进行表述。

根据毕博管理咨询发布的《2007年度中国服务外包产业发展战略报告》，服务外包是指企业为了将有限资源专注于核心竞争力，以信息技术为依托，利用外部专业服务商的知识劳动力，来完成原来由企业内部完成的工作，从而达到降低成本、提高效率、提升企业对市场环境迅速应变能力并优化企业核心竞争力的一种服务模式。2006年，国家为了大力鼓励、支持服务外包行业的发展，实施了"服务外包千百十工程"。根据商务部发布的相关通知，"服务外包企业"系指根据其与服务外包发包商签订的中长期服务合同向客户提供服务外包业务的服务外包提供商；"服务外包业务"系指服务外包企业向客户提供的信息技术外包服务（ITO）和业务流程外包服务（BPO），包括业务改造外包、业务流程和业务流程服务外包、应用管理和应用服务等商业应用程序外包、基础技术外包（IT、软件开发设计、技术研发、基础技术平台整合和管理整合）等；"国际（离岸）服务外包"系指服务外包企业向境外客户提供服务外包业务[①]。商务部组织编制的《中国服务外包发展报告（2007）》中指出："服务外包是指企业将价值链中原本由自身提供的具有基础性的、共性的、非核心的IT业务和基于IT的业务流程剥离出来后，外包给企业外部专业服务商完成的经济活动。"可见，咨询机构和商务部关于服务外包的定义更加具体，且突出强调了信息技术在服务外包中的重要地位，即服务外包主要是依托信息技术展开的。综合以上分析，本书在研究中采用商务部的定义，即服务外包是利用IT系统来帮助用户完成某项流程或任务，支持其自身目标实现的服务集合。这是一种面向用户任务的承揽式服务，其具体形式有面向商业任务的业务流程外包和面向IT任务的IT外包。外包的基本属性如图1-3所示。

作为服务业国际转移的两种主要方式，国际服务外包与服务业外商直接投资（FDI）有很多相似与不同之处，有必要对两者加以区分。服务业FDI

---

① 《商务部关于实施服务外包"千百十工程"的通知》（商资发［2006］556号）。

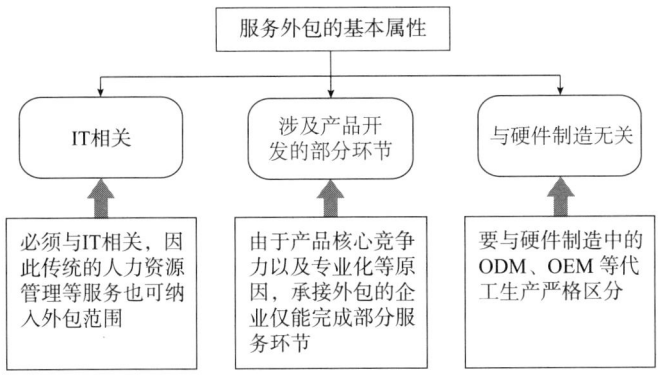

图1-3 服务外包的基本属性

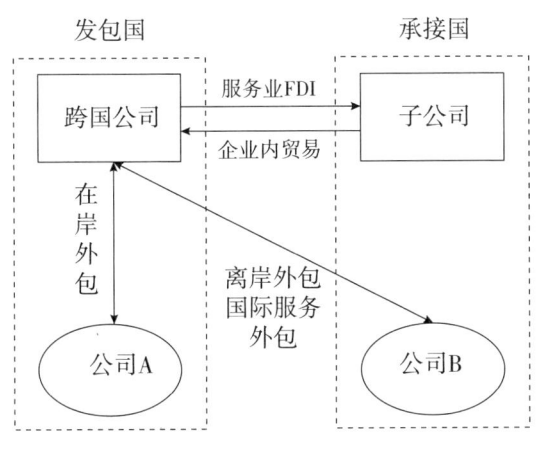

图1-4 服务外包与服务业 FDI 区别

资料来源:Marchant,Mary A. An Overview of U. S. Foreign Direct Investment and Outsourcing [J]. Review of Agricultural Economics,2005,27(3).

是企业在国外投资设立子公司,将产品生产链的某些环节转移到子公司进行生产,生产经营活动没有超越企业的边界,仍然处于企业内部,只是企业进行了跨国境的内部转移。如图1-4所示,跨国公司可以采用不同的企业管理组织方式生产中间投入品,例如跨国公司可以由国外子公司(FDI和公司内贸易)生产服务中间投入品,也可以把服务中间投入品的生产外包给国内的其他企业(国内/在岸外包)或者外包给国外的企业(离岸外包)。服务业FDI与服务外包的本质区别在于股权纽带的有无,国际服务外包的合作双方是非股权模式,而服务业 FDI 的国际化行为是以股权为纽带的国际化经营方式,在全球要素配置战略效应上相对具有长期性。相比之下,国际服务外包更多意义上是一种"效率和革新相结合"的商业运营模式。国际服务外包本质上是属于国际服务贸易的一部分,是承接服务外包的企业所在国的一种出口活动,同时也是服务外包发包企业所在国的一种进口活动。服务外包的迅速发展与世界范围内服务贸易增长迅猛的大趋势相一致。

1.2.2.2 服务外包的分类

作为一种新兴的产业组织方式,根据不同的划分标准,服务外包可以分成不同的类型。本书在后面的分析中将会采用不同的分类方式进行分析和比较。

(1)根据服务内容分类。从外包内容看,服务外包可分为信息技术外包、技术性业务流程外包和知识性业务流程外包(Knowledge Process Outsourcing,KPO)。信息技术外包是指企业利用外部专业的信息技术服务商的资源,为企业提供部分或全部的信息功能,包括系统操作服务、系统应用服务、基础技术服务等。业务流程外包是指企业在经营活动中,将一些业务流程环节从中分离开,外包给外部的服务提供商,包括企业内部管理服务、企业业务运作服务、供应链管理服务等。

(2)根据服务外包发生地域分类。根据服务外包发生地域,服务外包可以分成三类,即离岸外包(Off-shore Outsourcing)、近岸外包(Near-shore Outsourcing)和在岸外包(On-shore Outsourcing)。离岸外包和近岸外包都是指跨越国境的服务外包,近岸外包特指相邻国家之间的服务外包;在岸外包是指外包商与其外包供应商来自同一个国家,外包工作在国内完成。在国际分工程度日益加深的背景下,由于信息技术的发展和贸易壁垒的降低,全球性的服务业转移主要以离岸外包的形式展开(联合国,2006;朱胜勇和李文秀,2009)。

(3)根据服务部门分类。《服务贸易总协定》把服务业划分为 12 个部门,各部门有 12 个行业,各行业又下分若干子行业,一共 160 多个子行业。同服务业的划分方法,服务外包也可以根据部门和小部门的分类方法进行划分,例如软件服务外包、信息系统外包、金融服务外包、商务服务外包、通信服务外包、物流服务外包等。

(4) 根据服务替代程度分类。Gilley 和 Rasheed（2000）提出，外包活动可以分为替代型外包（Substitution-based Outsourcing）和放弃型外包（Abstention-based Outsourcing）。替代型外包是指企业将自身已有的 IT 功能或环节外包出去，主要考虑的因素是节省成本。这种外包类型下发包的内容一般战略地位较低，而且容易从企业剥离，包括 IT 运维、数据中心托管、软件测试、桌面帮助服务等。放弃型外包是指企业本身原本没有这种 IT 产品或者功能，而是通过采取外包这种方式从外部市场获得。这样企业可以避免自身投资这种 IT 资源所需要的投资和可能面临的风险，快速利用新的技术发展自身核心业务。这种外包已经不是传统意义上的外包，因为企业本身并没有拿出外包的东西，而是企业对外部资源的整合利用。在这种外包方式下，发包方对接包方的依赖程度较高，外包关系不再是单纯的市场交易关系，而是向战略合作伙伴关系靠拢。典型的放弃型 IT 外包活动包括企业应用软件开发、行业解决方案等。

(5) 根据科技含量高低分类。尽管现代服务外包与传统服务外包相比具有高科技含量、高知识品位和高附加值等特点，但是建立在较高技术水平上的现代服务外包，其业务仍然存在着相对技术含量的差异。按照技术含量的高低，服务外包分为高端服务外包、中端服务外包和低端服务外包（见图 1-5）。通常，企业战略咨询服务属于高端服务，一般管理信息系统服务属于中端服务，而普通的会计核算和报表业务等属于低端服务。

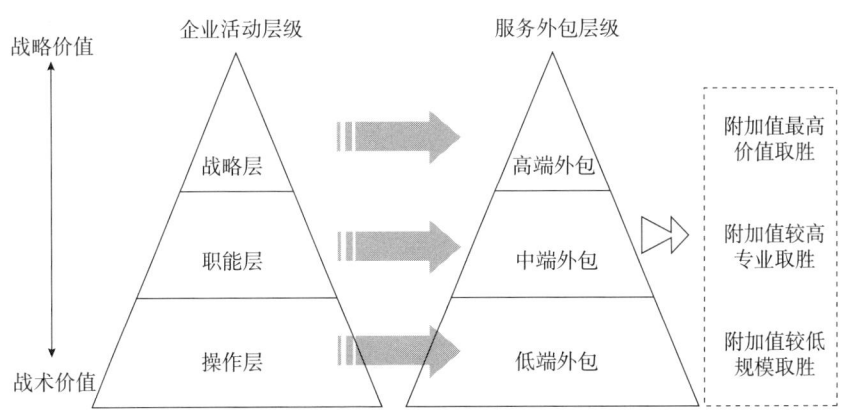

图 1-5　服务外包按科技含量分类

1.2.2.3 服务外包的业务范围

广义而言，许多服务活动都可以纳入外包的范畴，然而本书关于服务外包的具体研究范围参照国家的标准来确定。2010年，国务院办公厅联合国家各部委出台了多项鼓励服务外包产业加快发展的综合性政策，其中优惠力度最高的当属财政部、商务部联合出台的《关于示范城市离岸服务外包业务免征营业税的通知》，这一通知将可以享受免税的服务外包业务的具体范围做了详细规定，详见表1-3。

表1-3 国家关于服务外包业务具体范围的界定

类别			适用范围
信息技术外包服务（ITO）	信息技术研发服务外包	软件研发及外包	软件研发及开发服务	用于金融、政府、教育、制造业、零售、服务、能源、物流、交通、媒体、电信、公共事业和医疗卫生等部门和企业，为用户的运营/生产/供应链/客户关系/人力资源和财务管理、计算机辅助设计/工程等业务进行软件开发，包括定制软件开发，嵌入式软件、套装软件开发，系统软件开发、软件测试等
		软件技术服务	软件咨询、维护、培训、测试等技术性服务
		集成电路和电子电路设计	集成电路和电子电路产品设计以及相关技术支持服务等
		测试平台	为软件、集成电路和电子电路的开发运用提供测试平台
	信息系统运营维护外包	信息系统运营和维护服务	客户内部信息系统集成、网络管理、桌面管理与维护服务；信息工程、地理信息系统、远程维护等信息系统应用服务
		基础信息技术服务	基础信息技术管理平台整合、IT基础设施管理、数据中心、托管中心、安全服务、通信服务等基础信息技术服务
技术性业务流程外包服务（BPO）		企业业务流程设计服务	为企业提供内部管理、业务运作等流程设计服务
		企业内部管理服务	为客户企业提供后台管理、人力资源管理、财务、审计与税务管理、金融支付服务、医疗数据及其他内部管理业务的数据分析、数据挖掘、数据管理、数据使用的服务；承接客户专业数据处理、分析和整合服务
		企业运营服务	提供技术研发服务，为企业经营、销售、产品、售后服务提供的应用客户分析、数据库管理等服务，主要包括金融服务业务、政务与教育业务、制造业务和生命科学、零售和批发与运输业务、卫生保健业务、通信与公共事业业务、呼叫中心、电子商务平台等
		企业供应链管理服务	提供采购、物流的整体方案设计及数据库服务

续表

类　别	适用范围
知识性业务流程外包服务（KPO）	知识产权研究、医药和生物技术研发和测试、产品技术研发、工业设计、分析学和数据挖掘、动漫及网游设计研发、教育课件研发、工程设计等领域

资料来源：财政部、国家税务总局、商务部《关于示范城市离岸服务外包业务免征营业税的通知》，财税〔2010〕64号。

1.3 研究思路、研究方法与章节安排

1.3.1 研究思路与技术路线

本书通过在经济全球化背景下建立服务外包综合理论分析框架，结合长三角地区服务外包产业进行实证分析，力图揭示区域尺度上服务外包产业空间分布格局的演变规律，并力争挖掘服务外包产业格局形成的内在机理以及空间效应，从而为服务业的区域一体化发展提供参考。研究期望对新时期经济全球化背景下经济地理学关于解释服务外包产业格局形成及演变理论有些许补充，并为今后合理发展服务外包及相关产业的政策调整提供参考。具体研究技术路线如图1-6所示。

第一，构建一个在经济全球化背景下的服务外包产业区位选择、空间格局、效应评估的理论框架。在全面总结现有理论脉络的基础上，通过与贸易理论、管理学理论、区位理论等相关研究结合，纳入全球化发展的大背景下，构建一个综合分析框架，探索服务外包产生发展的理论机制，明确服务外包产业发展的内在动因和影响因素，并从理论上分析服务外包产业发展对区域经济的效用及影响。

第二，深入挖掘长三角地区服务外包产业的空间分布格局的特征和规律。通过分析长三角地区服务外包示范城市及其他城市发展服务外包的主导行业及产业规模，对案例区服务外包的空间格局和演化特征展开深入研究，

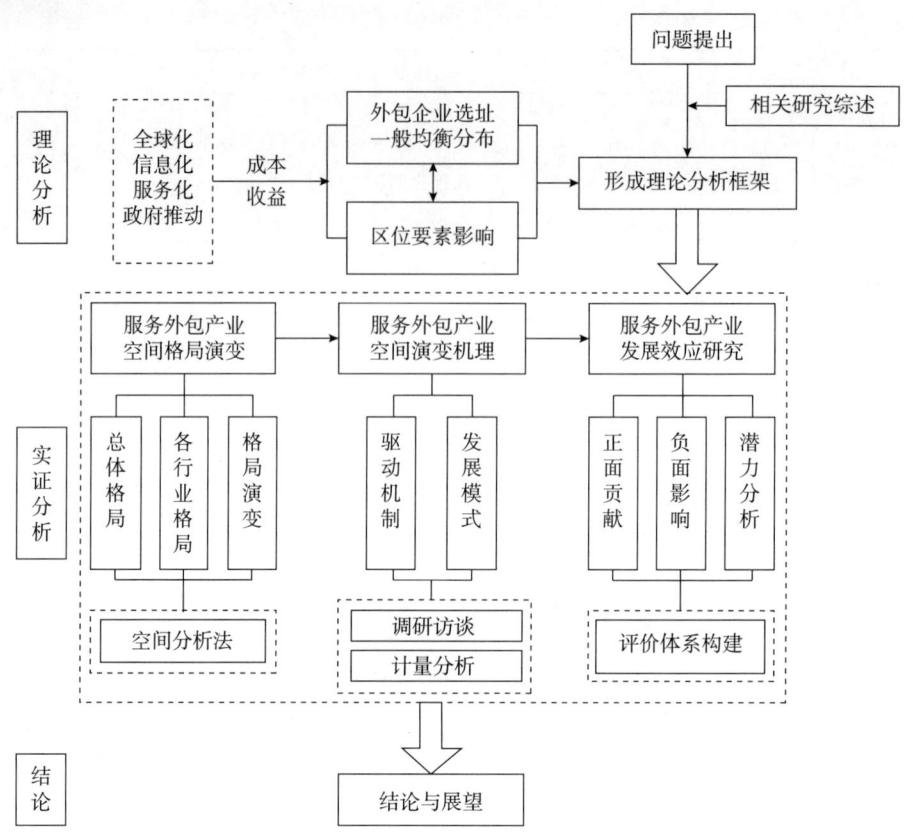

图1-6 研究思路与技术路线

揭示全球化背景下我国承接服务外包产业空间分布格局的演化。对2000年以来主要时间断面的各市服务外包数据进行收集整理,综合计量经济和GIS空间分析方法,对长三角地区服务外包空间格局特征和演化过程展开深入分析,力求多角度、多层次揭示长三角地区服务外包产业分布格局的演变规律。同时结合典型地区、典型产业或企业,进行实证案例分析,对服务外包格局演变定量分析进行补充,力求宏观与微观、理论与实际相结合。

第三,重点探究长三角服务外包产业产生发展的区位条件和驱动机理。在基于理论分析框架,采用归纳总结、实地访谈、问卷调查等研究方法对长三角地区服务外包产业空间分布格局的重点影响要素展开定性分析的基础上,运用计量回归方法对服务外包空间格局的形成和演化机制进行定量分析检验，力求从定性和定量两个方面证实影响因素及其作用方向和机制。由于不同产业的特征不同，造成各类型产业分布的影响要素也不尽相同，有必要展开针对性分析。

第四，讨论长三角地区发展服务外包产业的综合效应，回答"服务外包为我们带来了什么"的问题。重点从"服务外包产业发展正面贡献""服务外包产业发展负面影响"两个维度出发，并结合当前长三角地区服务外包产业的发展潜力和基础，讨论未来长三角地区服务外包可能的发展趋势。

第五，对实证分析的结果进行进一步讨论，提出本书的主要结论、理论意义与展望。

1.3.2 研究方法

为了实现研究目的，本书采用多方法、多手段，从多角度深入揭示长三角地区服务外包产业空间格局的演化、机理和效应。

1.3.2.1 理论分析方法

通过阅读、整理相关文献，形成对服务外包的基本认识，由此奠定了本书的研究基础。通过文献梳理发现目前研究的不足，并从我国目前的理论和实践需求出发，提出本书的研究视角和研究重点。在此基础上，通过回顾贸易理论、管理学理论、区位理论等经典理论，分析服务外包产生发展的内部动因以及外部机制，构建服务外包产业空间格局演变、驱动机理以及发展效应的综合理论分析框架。

1.3.2.2 实证分析方法

在理论分析的基础上，综合运用地理学空间分析法以及现代计量经济学等定量方法，进一步对长三角地区服务外包产业的格局特征和演化机理进行实证分析。具体采用了以下研究方法：

（1）服务外包产业空间格局的测度方法。根据本书收集整理的长三角地区服务外包企业数据，通过空间化处理，建立长三角地区服务外包企业的 GIS 空间数据库。采用区位熵、空间基尼系数、核心密度估计等方法，计算不同时期、不同类型、不同地区的服务外包产业的集聚程度，从而评估和比较长三角地区整体服务外包产业以及不同类型服务外包产业的空间分布特征与集散程度。

（2）服务外包产业区位布局与空间集聚机理的分析方法。通过文献阅读、理论分析以及对研究案例区实地调研的认识，提出影响服务外包企业区位选择与空间集聚的主要因素，并通过访谈和问卷调查进一步完善驱动因素的指标体系。为了更加全面地分析不同类型服务外包产业空间分布的影响因素及其作用机制，本书针对不同行业分别构建了计量回归模型，通过 count 回归分析方法，确定影响区域内部不同类型服务外包企业区位选择的主要因素。

（3）服务外包产业发展的综合效应的研究方法。在分析服务外包产业空间分布与演变机理的基础上，进一步讨论发展服务外包产业对区域发展的综合影响。通过构建服务外包产业发展贡献以及服务外包产业发展潜力的评价指标体系，定量分析区域发展服务外包产业的综合效用及发展基础。

1.3.2.3 实地访谈与问卷调查方法

为了增加研究的可信度，本书对长三角地区主要地市的商务主管部门、外经贸部门及不同行业的典型服务外包企业展开了调研访谈以及问卷调查，主要以长三角地区服务外包产业发展过程中的重要关键问题为研究对象，咨询服务外包发展一线上专业人士的理解与看法，以期较为全面地对长三角地区服务外包发展的现状、问题进行分析总结，力求通过实地调研的结论反证相关理论及实证研究观点，以使本书研究结果更有说服力。由于不同地区、不同外包行业的要素禀赋要求、产业贡献、空间分布以及影响机制并不完全相同，因此，本书重点对具有典型性和代表性的示范城市进行了调研访谈，包括南京、无锡、苏州、杭州，同时，为了研究的完整性，也对非示范城市包括湖州等地的外包情况进行了深入了解。

前期的调研工作以外包专家及业内资深人员访谈为主，沿着"政府主管部门（主要以商务及外经贸部门为主）中的主要领导—专业外包产业园区中的管理人员—外包企业中的管理人员"的访谈路径，针对不同地区、不同外包行业的发展状况、存在问题等进行了面上了解，对长三角地区服务外包产业发展的总体情况获得了基本了解，在文献之外，对产业发展以及驱动机理形成了更加深刻现实的理解。之后，为了获得更加客观翔实的数据，选取了专业外包园区内从事各类外包行业的资深从业人员作为目标群体，针对企业概况、经营现状、区位选择、人力资源、发展环境等一系列与产业发展息息相关的问题，通过问卷发放进行更加细致的调查。企业调查问卷总计发出50份，回收23份（回收率46%），其中有效问卷20份（有效回收率40%）。然而，由于作答者并非了解企业所有情况或者出于商业信息保密等考虑，这20份问卷的作答者并非回答了调查问卷的所有问题，然而本研究依据对已作答部分的判定认为其回答仍有重要参考价值，因此此类问卷仍然视为有效问卷，并作为有效样本进入了数据分析阶段。总体看来，调研样本的选取兼顾从业人员与管理人员的共同看法，涵盖政府、园区、企业多方面的样本空间，具体的访谈样本比例可参考图1-7，其中政府主管部门占30%左右，外包企业占70%。

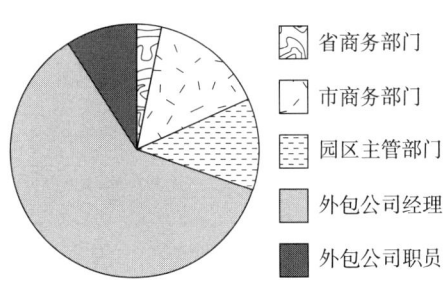

图1-7　调研访谈样本比例

1.3.3　章节安排

按照上述基本思路，本书共分八章。

第1章，绪论。

第2章，相关研究回顾与评述。以地理学、经济学、管理学、社会学等相关研究为重点，对外包相关理论发展以及服务外包空间格局、机理以及效应三个方面的研究进行回顾和总结，并进行简要评述。

第3章，服务外包产业时空演变的理论分析。重点吸收贸易理论、管理学理论、区位理论等相关研究成果，从成本—收益的角度，建立服务外包产业空间分布、演变与效应的理论分析框架，分析在经济全球化背景下服务外包产业空间格局与演变的发展规律。

第4章，长三角地区服务外包产业发展历程。从我国服务外包产业发展的历史追溯出发，梳理长三角地区服务外包产业发展的基础与背景，总结长三角地区服务外包发展的相关历程和主要特征，为全面定量分析区域服务外包产业空间格局奠定基础。

第5章，长三角地区服务外包产业发展格局。采用计量方法和空间GIS分析方法，讨论长三角地区服务外包产业空间格局的演变特征，并结合典型案例有针对性地比较不同类型产业的空间分布特征。

第6章，长三角地区服务外包产业空间分布机理。在对影响服务外包产业区位选择和空间集聚的可能因素进行理论分析的基础上，采用实地访谈和问卷调查的方法进行实证验证，用计量回归方法对不同类型产业的影响因素进行定量检验。

第7章，长三角地区服务外包产业发展效应及潜力研究。从服务外包产业发展的正面贡献和负面影响两个方面出发，综合评价长三角地区服务外包产业发展的综合效应，并对当前长三角地区服务外包产业发展存在的问题以及未来可能的趋势展开讨论。

第8章，结论与展望。讨论本书的理论意义，总结研究得到的主要结论，提出可能的创新点和不足之处。

相关研究回顾与评述

2 相关研究回顾与评述

服务外包产业产生发展的理论研究是本书的重要基础和研究起点。本章主要从以下几个方面展开：首先，追踪有关服务外包产生发展的理论渊源及其演进过程；其次，从区位选择、驱动机理和效应等方面，综述国内外有关服务外包产业的实证研究；最后，对现有理论与实证研究进展进行总结和简要述评。

服务外包兴起于20世纪50年代制造业流程外包，到80年代开始流行，应用十分广泛。1979年 *Journal of Royal Society of Arts* 上最早使用了"外包"（Outsource）一词，论述了英国汽车行业将发动机设计外包给德国，带领了服务外包研究的开展。本部分首先介绍服务外包产生的主要理论观点，进而梳理其演进过程及空间分布方面的研究进展。

2.1 服务外包产生及演进过程的研究进展

2.1.1 解释外包产生的主要理论

外包理论的发展主要有三条线索：第一是从经济学角度分析，以Williamson为代表的交易成本学说；第二是从管理学角度出发，以Porter为代表的企业管理学说；第三是从贸易角度出发的国际分工理论。

2.1.1.1 从经济学角度出发的交易成本理论

对外包产生的理论解释最早可以追溯至企业边界问题的研究。Coase（1937）在讨论企业边界问题时首次提出交易成本的概念。由于单纯的交易成本概念难以度量，Williamson（1975，1985，1996，1998）将其进一步发展，认为交易成本存在的主要原因是有限理性、机会主义及资产专用性。利润最大化的追求使企业外包与否取决于内部制造和外部购买的交易成本的比较（Barringer and Harrison, 2000; Williamson, 1979）。内部成本包括直接的生产成本，包括原材料、劳动力、运输费用等；外部交易成本包括协商、管理、控制等费用（Williamson, 1975）。如果一个企业选择内部生产产品，那就需要消耗较高的生产成本和较低的交易成本；反之，如果从外部购买服务，则需要较低的生产成本，但需要高昂的交易成本。由于生产专业化水平的提高等原因，供应商的单位成本可以下降，从而形成企业的长期平均成本随着产量的增加而递减。

交易成本的大小决定企业的边界，如果企业内组织生产比市场更有效率，交易成本更低，企业边界就会扩大；随着企业规模不断扩大，管理成本上升，生产效率下降，市场就会取代企业。一个产品有很多的工序和流程，而每个工序的最佳规模可能不同，如果所有工序都在同一个生产系统完成，那么最佳规模就取决于某个最关键的工序，而不能同时实现多个工序的最佳规模。这时，企业如果通过外包，就可以使更多工序和流程同时实现最佳规模，降低企业成本。概括而言，根据交易成本理论的观点，服务外包是企业为节约成本，将原有的内部生产外部化的过程，是分工延伸，使企业通过更有效率的专业化分工及交换网络拥有更多资源和发展权限，获得独特的、对手难以模仿的竞争优势（David and Han, 2004; Williamson, 1975）。

2.1.1.2 从管理学角度出发的企业管理理论

Porter 的企业管理学说认为，20 世纪 90 年代信息和通信技术的进步降低了企业的空间组织费用（Coase, 1937），同时也减少了市场交易成本（Malone et al., 1987; Brynjolfsson et al., 1994）。这种情况下企业生产的内部化或外包，取决于企业费用尤其是企业组织技术等决定性因素（Afuah, 2003），外包的重点向注重企业整体组织管理结构转移，目的是使企业更具竞争力。企业管理学说对外包现象的解释包括核心竞争力学说和资源学说，资源学说认为企业只能专注于有限的活动（Ulrich and Barney, 1984），而服务外包能帮助企业通过与外包商合作克服这一障碍。

核心竞争力理论认为，企业具有各种各样的能力，也有一定的专长。但不同的能力与专长的重要性是不同的，能够带给企业长期竞争优势和超额利润的能力和专长才是企业的核心竞争力。企业应该确定哪些资源是要自身经营的，哪些资源是要向外界寻求合作的。核心竞争力理论认为集中资金、人才、资源于企业的核心竞争力的业务环节，将不具有竞争优势的业务外包给具有专业优势的企业，以提高自身的核心竞争力。外包的本质就是保留具有竞争优势的核心能力资源，把不具备竞争优势的资源借助外部组织进行整合，实现企业组织配置优化、价值最大化。其理论及实证研究均发现外部供应商能提供更专业的服务，可以更高效率、更低费用提供必需的产品和服务（Monteverde and Teece，1982；Abraham and Taylor，1996；Chiles and McMackin，1996），这种专业化在增加企业利润的同时（Quélin and Duhamel，2003；Berggren and Bengtsson，2004），还可以促进产品和工艺创新（Leiblein，Miller，2003），进而提高企业综合竞争力。

2.1.1.3 从贸易角度出发的国际分工理论

古典贸易理论始于亚当·斯密的绝对优势理论。亚当·斯密认为，国际分工是按地域、自然条件等绝对的成本差异进行的。在其基础上，李嘉图提出了比较优势理论。该理论认为，国际贸易中，一国应该找出自己优势最大或劣势最小的产品来生产和出口，而进口自己不具备或者劣势最大的产品，这样贸易对两个国家都有利。比较优势理论为不同地区或国家进行专业化分工和贸易方向提供了理论支撑，解释了世界贸易发展的原因和方向。外包作为一种国际分工现象，其产生和发展可以从古典贸易理论中得到基本解释（尹建华等，2003）。服务外包中涉及的比较优势是指一种经济活动需密集使用一国比较丰裕的要素，而这种资源可能是另一国所富有的，因此具有成本上的优势。由于不同国家资源稀缺程度和价格不同，企业把不同的服务活动拆分到具有资源优势的国家进行。

经济全球化推进了国际分工的深化，伴随着产品内分工，跨国公司成为新国际分工的主角。国际分工开始以跨国公司全球生产网络为主导组织自己的生产体系。根据联合国贸易暨发展会议（UNCTAD）《2004年度世界投资报告》，有两种途径可以实现这种离岸的垂直化分工，一是内部化的方式，即开辟国外分公司（FDI）；二是将业务外包给一个第三方供应商。因此，企业制定国际化战略时，FDI与外包两种模式之间的选择成为影响企业发展的首要问题，其区别在于要不要对这个生产系统拥有所有权。如果需要所有权，则要采取内部一体化的分工体系。事实上，20世纪80年代末期以来，跨国公司采取垂直一体化方式的FDI大量流向发展中国家。采用外部化的分工体系，即外包，则不能控制生产体系的所有权。这是近些年随着信息技术发展出现的网络时代新国际分工，随着产品生产的可分离和全球通信运输的发展，越来越多以产品为对象的横向国际分工和交换被以产品工序、环节为对象的纵向国际分工所取代。

国内学者的研究更多地采取国际分工的视角，认为服务外包是国际产业转移和国际分工发展变化的产物。林毅夫（2004）等建立了外包存在性与否情况下的最优资本投资模型，认为存在外包可能性时，品牌垄断厂商可降低固定资产投资。后来，外部动因（技术、经济和市场动因）和内部力量（节约成本、关注核心竞争力）的因素被考虑进来（陈菲，2005）。卢峰（2007）从经济学产品内分工的视角出发，为服务外包研究提供了一个基于产品内分工的经济学分析框架，认为服务外包是产品内分工作用下服务业生产方式及其他行业服务性投入流程重组和变革的产物。吕政和杨丹辉（2006）认为，服务外包已经逐步成为国际产业转移的新兴主流方式，且主要遵循比较优势的国际分工基本原则。马卫红和张娟（2007）从经济学产品内分工视角考察服务外包的发生机制，认为服务外包是服务业的产品内分工以及其他行业服务性投入流程进行重组和变革的产物。总体看来，国内研究虽取得了一定积累，但仍相对零散，有待突破。

2.1.2 不同视角下服务外包演进过程

服务外包的发展经历了不同的演化阶段，各阶段有不同的发展重点及特征，学者从不同的视角进行了总结概括。

Hätönen和Eriksson（2009）从外包方式及程度出发，将演进历程分为大爆炸时代、潮流从众时代和无障碍组织时代三个阶段。1970年以前，西方学者已开始关注企业制造业外迁现象，Balassa（1967）首先使用"垂直专业化"

一词来概括这一崭新的经济现象，此后学者以不同的名词进行研究，例如切片化（Krugman，1994）、外包（Grossman and Helpman，2002，2004，2005）、生产过程的分裂化（Jones and Kierzkowski，2001）、产品内专业化（Arndt，1997）、外包（Feenstra，1998）等。Hätönen 和 Eriksson（2009）把 20 世纪 70 年代晚期出现的第一次制造业外包的浪潮形象地称为大爆炸时代。到 1980 年，服务贸易不断发展，服务外包的积极效果引发了众多企业的从众效应（Lacity and Hirschheim，2012），进入潮流从众时代，追求核心竞争力开始成为外包的目标，这期间 Porter（1996）提出的"聚焦核心，外包其他部分"在许多产业中广为流传。2000 年以后，外包的广泛采用已成为企业发展的范式而非特例。随着全球化不断深入，外包的组织障碍逐渐消除。企业开始改变现有发展模式，力图寻找一种更合适的组织方式，这一时期的外包可称为"变革外包"。然而，Hätönen 和 Eriksson（2009）的总结仅从发包企业单方面展开，Kedia 和 Lahiri（2007）进一步考虑了发包与接包企业两个方面，随着双方外包关系的不断深入，将服务外包的演进过程分为战术伙伴关系、战略伙伴关系和变革伙伴关系三个阶段。

本书认为可从外包内容变化角度总结服务外包的演进过程。服务外包最初从跨国公司的 IT 业务外包开展起来，在 IT 投资不断增加和企业成本效益"双重力量"的推动下，ITO 在很长一段时间内占据了外包市场的主要份额；随着 ITO 市场的不断成熟以及发包企业对成本、速度和灵活性的进一步需求，外包范围开始向技术含量更高、附加值更大、层次更高的 BPO 拓展，目前北美市场中 BPO 已占主导地位，亚太地区的 BPO 市场发展亦十分迅速；近年来随着知识经济的发展，更高端的 KPO 迅速崛起，主要帮助客户研究解决方案。

2.2　服务外包产业空间分布的研究进展

对服务外包产业空间分布的研究重点围绕"服务外包产业呈现什么样的空间分布"以及"为什么在某处布局"等问题展开。随着经济全球化不断深化，新的国际竞争及合作格局凸显，在国家及大尺度区域层面上研究服务外包空间格局的内容越发丰富，本书重点从当前国家和区域尺度上服务外包产业空间分布以及影响其空间分布的主要因素两个方面进行梳理。

2.2.1 服务外包产业的空间分布格局

关于服务外包产业的空间分布，已有研究和数据多是从全球尺度进行分析，本部分将从发包方和承接方两个方面展开评述。

2.2.1.1 发包方的空间格局

从发包方看，服务外包的需求方——美日欧等发达国家及地区仍然主导整个产业的发展，提供了全球服务外包业务的绝大多数份额。如图2-1所示，美国、日本和欧洲分别占到了全球市场的64%、10%、18%。全球服务外包市场严重依赖于美日欧，使产业格局呈现出明显的"中心—外围"的发展格局①。对于中国的外包企业而言，发包方市场主要有两个特点：首先，美国一直占据全球市场的最大份额，同时亚太区市场规模的增长也十分迅速。尽管新兴市场的外包需求上升较快，但美国市场一直占据全球市场的一半左右甚至更高，加上欧洲合计贡献了全球80%以上的市场；其次，我国公司的收入结构与发包方市场的区域结构并不对应。我国外包企业的收入来源中来自美国市场的比例明显低于其全球市场占比，而日本市场贡献的收入仍然明显高于其市场规模占比（见图2-2）。由于日本经济的活力和企业经营的开放度都逊于美国，因此，我国外包企业在美欧尤其是美国市场的机会潜力较大。

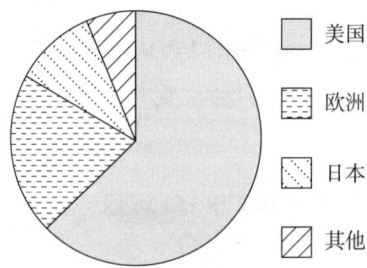

图2-1 2012年全球离岸发包方市场

资料来源：《中国服务外包发展报告2013》（原始来源：IDC）。

---

① 摘自国际经济学家、亚太总裁协会全球执行主席郑雄伟在"第六届（2013）全球外包大会"的讲演报告。

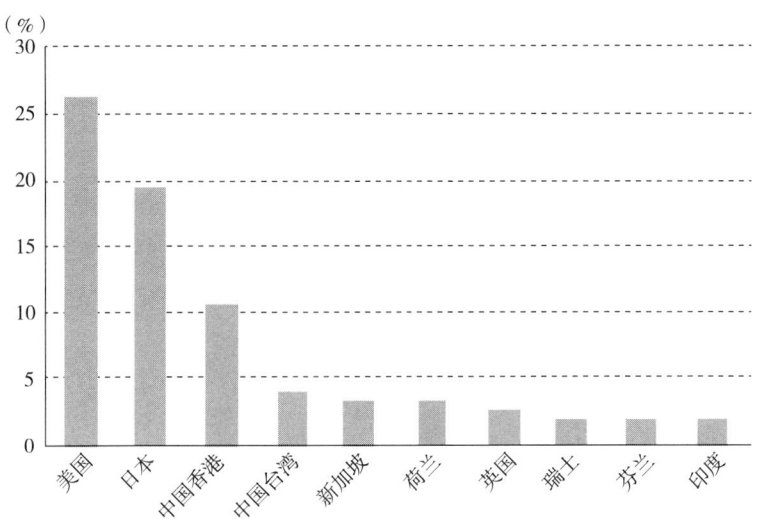

图 2-2　2010 年我国服务外包企业收入来源地

资料来源：国际经济学家、亚太总裁协会全球执行主席郑雄伟在"第六届（2013）全球外包大会"的讲演报告。

2.2.1.2　接包方的空间格局

在服务外包快速发展的过程中，"怎样外包"以及"到哪里外包"是企业、政府及学者共同关注的重要问题（Kotabe et al.，2008）。根据美国 Gartner 公司发布的服务外包调查报告，2011 年，在全球服务外包产业的分布格局中，美国供应商规模最大、技术最为先进，但印度和中国已经成为离岸外包增长最快的两个国家。在 2011 年全球收入最高的前五大 ITO 厂商中，除了富士通（Fujitsu）是日本公司外，其余四家全部是美国公司。其主要原因是这些企业技术先进、产品丰富，占据了服务外包产业链的高端地位。以上述四家龙头美国公司为例，IBM 与 HP 在软硬件方面都是业界翘楚，可以提供业界最先进和最完善的全套外包服务解决方案；Accenture 在 IT 咨询领域发展多年；CSC 成立于 1959 年并于当年获得 Honeywell 公司的开发合同，历史悠久。在发展历史悠久、技术先进的因素之外，美国公司的规模与其主要客户分布的美国和欧洲市场规模高度相关。

印度凭借其发展历史、语言以及人才优势成为全球领先的外包服务承接地。20世纪80年代以来,历届印度政府都将发展服务外包置于优先地位。彼时,我国政府在IT相关领域的重点着眼于硬件制造业发展上。1998年印度总理亲自担任"国家信息技术与软件开发工作组"组长,在税收、融资和教育等方面为服务外包产业提供政策支持。印度在该领域取得的成就很大程度上得益于英语是其官方语言之一,这使印度的外包行业在走向全球市场时比中国更具备先发优势。经过20多年的发展,印度公司不仅在技术上,更在商业流程管理、客户关系上积淀深厚,在外包价值链上的业务范围已经从单个环节的外包逐渐向IT咨询和整体解决方案发展并建立了相当的知名度。如表2-1所示,印度服务外包产业领先的直观结果是专业人员的人均产出效率高于我国,领先企业的营业收入规模远大于国内公司。

表2-1 2010年中国和印度服务外包行业主要指标比较

项目	印度	中国
占全球离岸市场份额(%)	55	16
全球交付中心(个)	500	未统计
海外并购(起)	200	50
人均离岸合同额(万美元)	3.1	0.85
企业员工平均规模(人/家)	500	217
企业规模(年均合同额)	统计80%的企业	不完全统计
10亿美元以上(家)	9	0
1亿~10亿美元(家)	82	8

资料来源:根据《中国服务外包发展报告2013》整理。

综合来看,在服务外包掀起的新一轮全球产业转移过程中,大部分发展中国家并没有得到很多机会。原因之一在于发达国家的发包商倾向于选择工资、教育、文化等与其相近的国家(Bunyaratavej et al.,2007)。例如,大部分呼叫中心流向了加拿大、爱尔兰和英国(联合国,2006)。

2.2.2 服务外包产业空间分布的影响因素

目前,越来越多的跨国公司在全球市场上开展服务外包以寻求效率,识别区位优势成为服务外包的关键问题。由于服务外包多以服务贸易的形式展开,其学术研究的理论基础最初采用了FDI的相关理论(Swamidass and

Kotabe，1993)。其中，Dunning（1980）在解释跨国公司活动时提出的折衷理论被大部分学者接受，他认为，所有权优势、内部化优势及区位优势共同决定了企业是否进行跨国行动。Dunning（1988）后来将影响区位优势的因素总结为基础设施、国家风险及政府政策。在此基础上，Graf 和 Mudambi（2005）构建了服务外包区位决策的理论框架，强调了人力资本（涵盖技术及文化水平）的重要性。我国学者李鹏飞和王缉慈（2008）认为，研究服务外包产业的空间分布还应考虑宏观因素和行业特征，并从全球化、产业特征、企业竞争战略及区位优势四个方面解释了产业空间格局的形成。

除了 FDI 理论衍生的相关影响因素分析外，学者从服务外包内生动力以及外部机制方面也展开了分析。陈菲（2005）的研究认为，企业内部因素与外部环境因素一同发挥作用，对企业服务外包的展开产生影响。其中，内部因素是指企业利用服务外包能够节约成本，进而提升企业的竞争力，企业的生产成本、成长空间、利润情况都属于影响企业服务外包决策的内部要素；外部因素主要有经济条件、市场环境、技术水平等，并选取了人均国内生产总值、经济全球化程度、市场的变化、IT 发展水平等具体指标进行表征。蒋欢（2005）在分析金融服务外包的发展时，将推动外包迅速发展的内因归结为降低成本、节省费用、获取稀缺资源、塑造核心竞争力、减少风险损失、实现可持续发展；外因包括信息技术革命、金融自由化以及金融创新。卢锋（2007）通过研究发现，服务外包的兴起是企业预期收益与成本比较权衡推动经济分工深化的结果，而信息技术革命的作用、航空运输革命的作用、制度演变和政策调整以及当代市场竞争的新环境，都在客观上推动了外包的发展。张少军和刘志彪（2009）从全球价值链（GVC）的角度出发，认为外包发展的内因是由于发达国家技术的持续创新、产业结构高级化和人均 GDP 的提高，需要通过外包劳动密集型的生产环节，保留和专注于核心和关键的环节，从而将竞争力建立在动态比较优势的基础上。从外因看，消费者的需求日趋多样化、各国监管政策的放松和全球经济波动的冲击，使企业在全球化时代面临的市场环境日趋复杂，这促使发达国家的跨国公司通过 GVC 模式的产业转移来发展更加节约成本和提高效率的运营模式。

我国的服务外包产业起步较晚，比印度晚15~20年，整体水平和能力与印度差距较大，但潜力巨大、发展迅速。在商业环境和基础设施方面，我国的电信和互联网环境成熟度以及电力交通等基础设施外包开发的必要环境领先于印度和其他发展中国家。如表2-2所示，除了宽带普及度和电力生产能力等与服务外包密切相关的指标远远领先印度外，其他指标也值得关注。例如，我国的海关程序效率始终高于印度；在相近的铁路里程下，我国的铁路货运量是印度的4倍；在人才储备方面，我国的高等教育中理工科专业人数远远大于印度，而在校学生的英语能力已经比十年前有明显提高（见图2-3）。同时，经过40年的对外开放，已经培育出一大批英文熟练、具有丰富国际化管理经验、熟悉跨国商业流程的IT职业人士。此外，我国政府支持力度逐步加大。21世纪以来，党中央和地方政府不断出台支持外包行业发展的政策。尤其是2005年以来政策出台频繁，商务部、工信部、财政部、人力资源和社会保障部、国家税务总局、中国人民银行等多部委在税收、财政、人力资源培训和补贴等多方面出台了30余项政策法规给予支持，对外包行业的发展起到了极大的促进作用。此外，商业相关的法律也不断完善，尤其是政府在加强知识产权保护方面的努力也在逐步消除境外发包方客户的顾虑。

表2-2 中国和印度主要基础设施指标比较

项目	国家	2008年	2009年	2010年	2011年
宽带互联网用户（百万人）	中国	83	104	126	158
	印度	5	8	11	13
宽带互联网用户比例（每百人）	中国	6.3	7.8	9.4	—
	印度	0.4	0.6	0.9	—
互联网用户（百万人）	中国	211	300	386	460
	印度	46	52	62	92
互联网用户比例（每百人）	中国	16.04	22.66	28.98	34.38
	印度	3.95	4.38	5.12	7.50

资料来源：根据世界银行、CNNIC、The Economic Times数据整理。

总体看来，随着当前服务外包产业的快速发展，国内外学者对服务外包

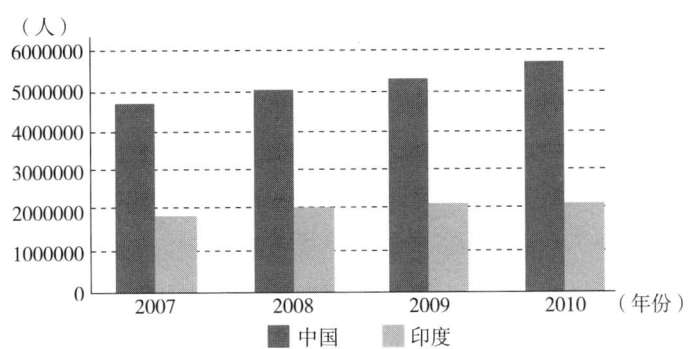

图 2-3 中国和印度的理工科本科与研究生在校生数比较

资料来源：根据中国教育部、MOSPI（India Government）数据整理。

产业区位决策影响因素的讨论愈加丰富。然而，现有的研究视角多是从经济学和管理学的思路出发，从经济地理学空间分析的角度，解释服务外包产业空间分布格局机制的研究有所欠缺，对服务外包产业区位优势的量化研究相对较少，特别是针对承接国内部服务外包产业空间格局的研究不多，因而有必要对这些问题进行更加深入的研究。

2.3 服务外包产业效应评估的研究进展

国际服务外包的开展掀起了新一轮"经济全球化"热潮，引发了社会各界广泛关注，然而服务外包对经济、社会产生的影响研究仍相对不足。本部分将从外包效应的评估方法及研究内容两方面展开综述。

2.3.1 服务外包效应评估的研究内容

2.3.1.1 发包国的效应评估

20世纪80年代以来，美国等发达国家普通工人就业及工资水平均有所下降，引起了公众担心和焦虑。这一现象是否应归咎于服务外包的广泛开展，引发了学术界对外包效应的热烈探讨，本书主要从就业效应、工资效应和生产力效应三方面展开。

（1）就业效应。就业效应讨论的焦点是国际服务外包的开展是否会导致本国就业机会的流失，然而由于研究的出发点及具体分析方法不同，讨论结果相差甚远，目前学术界尚无定论。

大量实证研究认为外包对本国的就业造成了负面影响。Feenstra 和 Hanson（1995，1999）认为，外包把低技能密集型产业转移到国外，增加了美国熟练劳动力的需求。通过数据实证检验，发现美国制造业在 1979~1985 年非生产工人（高技能劳动力）的变动趋势中有 15%~33% 的部分可归因于不断上升的进口份额，后经进一步修正，把结果提高到 31%~51%。Geishecker（2006）通过对德国制造业的研究，发现国际外包能解释 20 世纪 90 年代德国制造业低技能劳动力 19%~24% 的需求下降。Egger H. 和 Egger P.（2001）通过对企业外包的短期分析，确认了外包和就业的负相关关系。Görg 和 Hanley（2005）对爱尔兰电子部门的研究也表明，外包在短期内极大地减少了劳动需求。Greenaway 等（1999）运用英国 1979~1991 年 167 个行业的制造业面板数据进行分析，发现外包额与就业间存在着负相关，通过进一步讨论，发现"北北对话"对就业的影响比"南北对话"的影响更大。Neven 和 Wyplosz（1996）研究发现欧洲制造业就业受到负面影响，其中发达国家和发展中国家的影响程度基本一致。Baily 和 Lawrence（2004）研究了 2000~2003 年由外包引起的美国制造业和服务业就业结构的调整情况，发现 11% 的制造业工作岗位是因外包贸易而减少，但服务业受到影响的程度较制造业相对偏低。Chongvilaivan 和 Thangavelu（2009）基于泰国 1999~2003 年四位代码的制造业外包数据（包括中间产品外包和服务外包），分析了其对劳动力需求（包括技术工人和非技术工人）的影响。结果表明，中间产品的外包与相关劳动力的需求呈现负相关，然而服务外包以非技术工人为代价改变了传统对技术工人的需求。

还有一些研究则对此提出异议。Amiti 和 Wei（2004）以 1992~2000 年美国制造业数据为基础，发现分析结果并不支持公众认为的外包会造成就业机会大量流失。当采用 450 个门类的产业分类时，发现就业与外包存在微弱的负相关，仅能解释 0.5% 的就业减少，但当所有产业分为 96 个门类时，这种微弱的负相关效应也消失了。因此，作者得出结论：在广泛的产业分类里存在足够的劳动力需求增长，抵消了外包与就业的负相关效应。Bhagwati 等（2004）建立了一个理论分析框架，将服务贸易与传统的货物贸易进行对比分析，认为美国的服务外包对劳动力市场的影响很小，其中一个重要原因是美国服务产业 70% 的工作由于地理邻近性的约束不能进行外包。麦肯锡公司 2005 年的报告也认为，服务外包会提高低收入国家的平均工资，但对发达国家的就业和工资影响非常小。因为外包转移出去的都是技术含量较低的工作，而新的职位还在不断产生，离岸外包带来的失业会由于高端服务业的新增岗位而得到补充。

（2）工资效应。Feenstra 和 Hanson（2001）等认为，以服务外包形式展开的国际贸易，在提高发包国技术工人工资以及拉开技术工人与非技术工人的工资差距方面起了很大作用。一是贸易自由化能够影响劳动和资本的相对议价能力，尤其是贸易自由化提高了劳动的需求弹性，使非技术工人的议价能力降低、工资减少，与技术工人的差距拉大；二是全球化能够通过中间投入品的贸易影响工资水平；三是全球化中出口商的创新活动也会对工资水平产生重要影响。此外，Antràs 和 Helpman（2003）、Sayek 和 Şener（2006）等提出信息成本、技能偏向性的技术进步和政策选择、教育等因素在外包的就业和收入分配效应中发挥了重要作用。

（3）生产力效应。哈佛大学 Jorgenson（2001）研究发现，外包节省了庞大的固定成本投入，可使企业的科技投资效率提高 20%。Amiti 和 Wei（2004）研究发现，服务外包对美国生产力有显著正效应，可解释 1992～2000 年 11% 份额的生产力增长。Görg 和 Hanley（2005）采用爱尔兰电子部门工厂层面的数据，发现服务外包增加了生产力的效率，尤其在接近消费者的下游子行业中表现更为突出，原因在于工厂外包低技术的下游行业后，可更好地生产附加值高的上游核心产业。

2.3.1.2 承接国的效应评估

目前，承接国视角的文献多分析我国参与国际外包的问题及建议，效应研究较少。可从以下三个方面总结我国作为承接国参与国际外包的效应。

（1）经济效应。UNCTAD 的报告指出，吸引离岸外包可以迅速增加工作岗位、提高工资报酬、增加出口收入，同时伴随外商直接投资的进入，承接国人力资源竞争力不断提高，信息通信基础设施和商务服务得到改进，这些都可惠及国民经济的各个部门。Zielinski（2004）认为，电信技术的革命性进步导致通信费用大幅度降低、交流距离缩短（Death of Distance），促使呼叫中心等服务类业务向发展中国家外包转移，为发展中国家带来了很大的发展机遇，改善了发展中国家的人员就业、人力资源、移民和公共政策。根据简兆权和伍卓深（2010）、冯之浚和于丽英（2007）等的研究，服务外包具有优化产业结构、转变经济增长方式、拓宽大学生就业渠道、促进区域协调发展等有利影响。王刊良和王嵩（2009）认为，在我国大力发展服务经济的背景下，发展外包产业是西安城市转型发展的重要契机。政策导向是影响服务外包发展的重要因素，孙晓琴等（2010）认为服务外包承接国政府的政策扶持是必要的，但过度的补贴会导致企业投入减少从而丧失服务外包额。承接国发展服务外包虽有很多好处，但同时也承担了巨大风险。以印度为例，2008年全球金融危机导致印度大量中小服务企业倒闭，700万从业人员面临危机甚至失业。因此，如何引导服务外包从"打工经济"转向促进本国产业升级，应给予更多关注。

（2）社会效应。发展服务外包产业有良好的社会功能。印度通过大力发展服务外包，取得了举世瞩目的成绩（王燕妮和王利群，2010），不仅创造了大量出口贸易额、解决了大批人口就业问题，而且学习了国际服务的标准和规范，搭建了本国与国际交流的平台，加速了印度经济与世界经济的一体化发展。此外，作为现代服务业的重要组成部分，服务外包具有低污染、低消耗的特点，积极承接国际服务外包，也是缓解发展中遇到的能源、环境压力的有效举措（孙先民和张玉丽，2009）。

（3）技术外溢效应。关于技术外溢效应，即外包能否促进承接国技术创新能力的提升，学术界观点并不一致。中国工程院院士倪光南就认为，软件外包只是对GDP和就业有直接贡献，对于保障安全、提升制造业竞争力等没有直接贡献①。陈柳和刘志彪（2006）采用 1987~2003 年中国 27 个省份的面板数据进行实证分析，发现 FDI 本身产生的技术外溢对经济增长的作用并不明显。而江小涓（2008）、童有好（2006）等学者则认为服务外包对承接国有正向技术外溢影响。以印度软件外包为例，初期仅承接软件编码等低端业务，后期逐渐过渡到 IT 咨询、系统集成甚至软件自主开发与定制等高端业务，层级不断提升，表明软件外包不仅仅是全球软件价值链的低端市场，发展中国家可以凭借外包，学习和掌握大型软件的开发技术和管理经验，在某个领域率先取得突破。

2.3.2 服务外包效应评估的研究方法

服务外包很多效应研究并无定论，主要原因在于学者研究的理论视角、数据来源、方法模型等各不相同。本节将从理论和实证两个角度对研究方法进行总结。

2.3.2.1 理论模型

新古典贸易理论是研究国际外包效应的主要理论框架，李嘉图模型是一个两国家单要素（劳动）模型，赫克歇尔、俄林进一步扩展构建了两国家两要素（劳动、资本）H-O 模型。现有研究如 Arndt（1997）、Deardorff（1998）、Jones 和 Kierzkowski（2001）等均在此框架下分析国际外包的经济效应。

Arndt（1997）认为外包改善了发达国家整体的国民福利。Deardorff（1998）分别在李嘉图和 H-O 模型框架下分析了外包对贸易模式、要素价格和国民福利的影响。Feenstra 和 Hanson（1995）基于 H-O 框架进一步提出了南北贸易模型，认为外包对工资和就业的影响主要通过进出口活动中对技术和非技术劳动力的不同需求产生。Feenstra 和 Hanson（2001）进一步提出了三商品三要素两国家的产业内简单中间投入品贸易模型，从外包的角度研究产品价格和要素价格的关系，但只考虑了进口国，没有解释外包对承接国就业和工资的影响趋势。经拓展，把 3×3×2 的简单中间投入品贸易模型扩展

---

① 林佳佳，倪光南. 炮轰软件业外包模式［N］. 东方早报，2006-09-02.

成连续中间投入品贸易模型,可对两国都进行相对就业和工资的定性分析。

然而,Feenstra 和 Hanson(2001)的研究只包含一个最终产品部门,Jones 和 Kierzkowski(2001)、Egger 和 Falkinger(2003)等考虑到外包除对本部门产生影响外,还会对其他部门的就业、工资等产生效应,在经典的 H-O 框架下,提出劳动力替代和成本节约效应是推动外包的重要动力。H-O 模型通常被认为是一个长期作用的模型,在 H-O 框架下,外包可导致部门就业变化,但总体而言并不产生就业损失(Amiti and Wei,2004)。然而从短期看,很多研究认为外包会对就业、工资等产生重要影响。其中,Krugman(1994)基于 H-O 模型强化了要素价格在模型中的作用,提出外包贸易对就业有很大影响。

2.3.2.2 计算与模型方法

首先,如何构建一个充分解释"外包"行为的数据指标,来评估外包水平的规模和程度,是进行外包实证研究的关键,然而目前国内外尚无统一完善的方法体系。从文献来看,学者大都基于一个共同的出发点进行分析:外包产品是产业过程的中间环节,因此可以通过贸易额或者投入产出比进行统计分析,如表 2-3 所示。本节主要总结和评述测度外包水平的各种方法。

表 2-3 不同外包水平测度指标的优缺点

指标	代表文献	优点	缺点
中间投入品贸易	Berman 等(1994)、Krugman(1994)	用中间品贸易的份额表示外包程度较直观	仅中间品的贸易无法涵盖所有外包活动
零部件贸易额	Feenstra 和 Hanson(1999)、Jones 和 Kierzkowski(2004)等	用外贸交易额来表示国与国之间的离岸外包情况直观明朗	依据《国际标准贸易分类法》未能区分零部件和最终产品,外包涵盖不完全,且统计不普遍
投入产出表数据	Hummels 等(2001)、Geishecker 等(2010)等	将投入分为本国中间投入和进口中间投入,将进口投入用于各行业产出的价值对总产出的比率定义为外包指数,即一国承接国际外包的程度;将进口投入用于出口的价值对出口额的比例定义为出口垂直专业化程度,即一国承接国际外包对出口贸易的贡献	对于中国来说,投入产出表并不连续

续表

指标	代表文献	优点	缺点
加工贸易额量	Feenstra 和 Hanson（2001）	发展中国家的加工贸易多是"两头在外"的来料加工、进料加工和来件组装装配业务，适于研究发展中国家的制造业外包现象	加工贸易不是承接国际外包的唯一方式，完全采用此数据有失偏颇

（1）基于投入产出表数据的研究。基于投入产出表数据构建的 FH 指标和 VS 指标在实证研究中运用非常广泛。Feenstra 和 Hanson（1995，1999）在研究美国制造业的外包情况时提出了 FH 指标，用进口中间投入品占国内生产最终产品所使用的中间投入品的份额表示外包水平。该方法的核心假设是同一产业中生产过程被划分成不同的部分，从而有了同一产业的中间投入品贸易。FH 指标构建后，应用十分广泛。后期学者的外包实证研究中大多以此为基础，并不断改进。Geishecker（2006）在研究国际外包对 20 世纪 90 年代德国手工工人相对需求的影响及外包与工资的关系时，采用进口中间投入品在国内总产出中的占比来度量外包，这一修改克服了原有指标忽略在岸外包造成的偏差。服务外包水平的测度方法也是在 FH 指标的基础上建立起来的，Amiti 和 Wei（2005）在讨论美国服务外包对就业、生产力的影响时，把国际服务外包的密度定义为在时间 t 产业 i 进口服务投入所占的比例。

Hummels 等（2001）在研究外包对工资的影响时构建了 VS 指标，用进口中间投入占出口产品的比例表示外包程度。当产业全部采用国产中间品或该产业没有出口，则没有贸易发生，此时 VS 为零，当产出全部用于出口时，VS 即为中间品进口量。该指标在衡量制造业外包的水平和效应时，得到了广泛应用。我国学者引用此模型的研究较多，刘晓昶和刘志彪（2001）、平新乔（2005）、黄先海和韦畅（2007）等学者利用该指标测算了我国产业的垂直专业化程度，评估了"来料加工"占外包产业的比例。利用投入产出表来测度服务外包水平的关键是要找准各产业间中间服务投入品的数据，有些国家投入产出表的编制较为完善，提供了各产业间的中间投入、净产出、出口数据，这样的研究结果较为准确。然而大多数国家的投入产出表编制不完善，因此该方法并不普遍适用。

（2）基于研究报告的模糊估计。由于产业分类和统计指标的不完善，新兴的服务外包产业难以根据传统统计资料进行测度。目前文献讨论中广泛引用的服务外包的数据大多来自相关管理咨询公司的私人调查和事实证据，以及相关行业组织发布的研究报告。例如，任志成和张二震（2008）等学者在讨论承接服务外包的就业效应时主要引用了麦肯锡、NeoIT 等组织发布的数据，刘志彪（2009）在分析服务外包与中国经济转型的关系时，参考了 Cartner 公司的资料。这种模糊估计虽然计算方法不透明，但在服务外包早期研究中起了重要作用。

（3）基于贸易数据的研究。国际服务外包多以服务贸易的形式展开，基于贸易数据的研究也是服务外包效应评估的一个重要方面。作为一种新兴的国际贸易方式，世界贸易组织（WTO）和国际货币基金组织（IMF）都对其进行了分类，包括计算机和信息服务、通信服务、金融服务、保险服务等，其中 IMF 编制的国际收支平衡表在研究中多与投入产出表联合使用，来衡量服务外包的规模。

通过文献整理发现，目前外包效应的实证评估多采用回归分析的方法进行。主要基于柯布—道格拉斯生产函数，以要分析的对象例如劳动力工资、就业、生产率等为因变量，外包水平及其他影响因素为自变量，利用统计模型（面板模型较多）进行计量回归，通过解读相关系数的正负及大小，考察外包各种效应及强度（见表 2-4）。从经济学的角度看，这种分析方法确实在很大程度上解释了外包对国家或区域经济的具体影响是否存在以及程度有多深，但是目前的研究中学者们多热衷于调整统计模型的各种工具变量、变换回归方法等手段，以期对外包的效应做进一步深入探究。然而，要想对服务外包的区域效应做一个综合评估，仅通过对各种计量模型进行调整和细化仍不够全面。

表 2-4 对外包效应评估的总结

评估内容	代表文献	研究方法
估算熟练劳动力的需求	Feenstra 和 Hanson（1999）、Blonigen 和 Slaughter（1999）	从成本函数入手，对熟练劳动力工资份额的变化进行估计，考察资本、产出、外包、技术进步等因素中的哪些对这一变化有影响以及影响程度的大小
零利润条件的估算	Haskel 和 Slaughter（2000）	从零利润条件出发，就各要素成本份额对产品价格变化做回归，采用两阶段回归模型，首先就外包、技术进步、经济一体化等因素的影响对产品价格变化做回归；其次对分解后的产品价格变化就各要素成本份额做回归，以分析要素成本份额与上述各因素的相关程度
整体经济的 GDP 估算	Harrigan（1998）、Harrigan 和 Balaban（1999）	从 GDP 函数出发，对熟练劳动力、非熟练劳动力与资本收入在 GDP 中的份额或各行业产出在 GDP 中的份额做回归，分析要素与产品价格对各要素收入份额的影响

资料来源：Feenstra R C, Hanson G H. Foreign Investment, Outsourcing and Relative Wages [M]. National Bureau of Economic Research, 1995；Feenstra R C, Hanson G H. The Impact of Outsourcing and High-technology Capital on Wages: Estimates for the United States, 1979—1990 [J]. The Quarterly Journal of Economics, 1999, 114（3）: 907-940；Feenstra R, Hanson G. Global Production Sharing and Rising Inequality: A Survey of Trade and Wages [M]. National Bureau of Economic Research, 2001.

2.4 小结与评述

概览国内外关于服务外包的相关研究，发现国内外学者对服务外包的理论基础、动因、效应以及专项业务外包等方面进行了不同角度和深度的探索，通过案例和实证研究，在理论和实践上具有重要的参考价值。通过文献整理发现，目前国内外对制造业外包效应的研究较多，但有关服务外包的效应研究相对较少，不过已逐渐获得学术界关注。

总体来看，由于发展历史以及数据等因素限制，对服务外包的理论阐述多于实证研究。服务外包在西方的研究开展较早，并不是一个新生课题，研究重点围绕外包对发包国的经济效应展开，理论框架较为成熟。国内虽早已掀起发展服务外包产业的浪潮，但学术研究仍远滞后于现状的发展，目前还是以引进介绍西方理论较多，不过随着近年来服务外包的快速发展，相关研究越来越多。当前，国内对服务外包的研究整体还停留在现象分析的层面上，仍然存在着理论分析不够系统深入、实证分析不够充分等问题。在今后研究中，本书认为以下几方面需投入更多关注：

（1）承接国视角下服务外包的效应研究亟待展开。在服务外包效应评估方面，已有研究多是从发包国角度出发，承接国视角下研究服务外包对发展中国家就业、工资、产业结构等方面的文章较少，专门针对国内相关地区展开承接服务外包的经济效应研究的文献也不多见。平新乔、张二震等学者虽然对我国外包效应的实证研究做了大量有益探索，但多是基于制造业、工业等展开，对服务外包的研究不足。此外，学术界对服务外包经济效应等重要问题仍存在较大分歧，有待后续更加深入的研究。目前，我国正站在大力发展服务外包产业的关键路口，从承接国视角评估服务外包对我国区域经济发展的综合效应，对我国抓住全球产业转移的重大机遇、更好地发展服务经济、加快产业结构转型具有重大现实意义。

（2）服务外包综合研究的理论框架有待构建。服务外包研究涉及区域理论、产业经济、国际贸易等诸多领域，虽然目前已引起相关学者关注，但现有研究仍拘泥于本学科的研究范式之内，例如从管理学视角解释的文章较多。西方学者对该领域的研究虽已有一定深度，但到目前为止，国内外学者的研究多各抒己见，在服务外包的概念、范围等基础研究方面没有形成统一的观点，效应评估的理论、方法等也各不相同，整体而言，缺乏一个综合的逻辑框架和理论体系作指导，针对发展中国家服务外包产业的一般性发展规律的研究有待深入。

（3）服务外包效应评估的研究方法仍需不断探索。外包是一种新的产业和企业组织方式，外包效应的评估研究主要受到发展历史短以及数据缺乏的制约。国内有关服务外包效应研究的文献中，从实证的角度进行深入研究的并不多见，这使不少研究成果缺乏足够的说服力。目前，大多数学者依据的投入产出表数据和国际贸易数据在使用时均各有优劣，实际研究中，为了更准确地评估服务外包的效应，一方面可将两者结合起来使用，另一方面要不断探索新的研究方法来突破数据不足的制约。通过探索科学合理的研究方法，揭示我国服务外包发展的利弊得失，对我国产业发展具有重大指导意义。

服务外包产业时空演变的理论分析

3 服务外包产业时空演变的理论分析

服务外包产业近年来得到了蓬勃发展,其快速发展背后的原因是什么?推动这一进程的主要动力有哪些?服务外包企业一般分布在大城市内部的特色工业园区,然而,企业更适合在什么区域发展?对这一系列问题的回答,需要对服务外包产业展开充分的区位理论分析。而关于服务外包区位的理论解释则要从外包产生发展的动因开始追究。本章首先从成本—收益的角度出发,分析了服务外包产生发展的初始动因。在此基础上,结合全球化、信息化和服务化等宏观过程,分析推动服务外包发展的外生动力,并进一步探讨区域尺度服务外包产业区位选择的影响因素以及空间演化模式,以期为后续研究及产业发展提供有益指引。

3.1 基于成本—收益的服务外包企业选址的均衡分析

本部分首先参考了 Feenstra(1998)、卢锋(2007)等关于服务外包的分析框架,分析了外包存在与否情况下企业的成本—收益比较,在企业服务外包一般均衡分析的基础上,引入由发包方—接包方地理区位差异导致的企业成本—收益分析,构成了本书分析服务外包产生、发展的基本理论框架。

假设有两个企业 A 和 B,规定企业生产活动按技术水平高低,分为企业核心业务与企业非核心业务。企业核心业务是指企业生产、管理所具备的核心优势,是企业赖以发展的基础;企业非核心的可外包业务是指企业既可以自己经营管理又可以外包的业务,例如数据处理服务、信息系统管理、后勤服务、人力资源服务、售后服务、物流服务等。企业的经济活动均由这两种活动整合而成。如果企业选择本身自行生产全部活动或以契约的方式进行内部化资源交换,其交易成本包括了决策成本、组织成本、管理业务程序的成本等;如果企业通过市场化即外包的方式实现资源交换,其交易成本包括了选择供应商、谈判合约、商务成本等(Williamson,1979,1985)。

3.1.1 企业外包的一般均衡分析

如图 3-1(a)所示,在生产要素给定的前提下,可以画出企业的生产可能性边界,即图中下凹的曲线,表示了企业所能生产的核心业务和非核心业务的各种组合。Y_0 表示企业的等产量线,即企业在产量不变的情况下所使用的投入品的不同比例的组合。例如在 A 点,企业使用 Q_1 单位的核心业务与 Q_2 单位的非核心业务可以生产出 Y_0 产量的最终产品。等产量线 Y_0 与生产可能性边界相切于 A 点,表明 Y_0 是企业利用生产可能性边界上任意核心业务与非核心业务组合的最高产量,其斜率 y_0 衡量的是企业的非核心业务相对核心业务的价格,反映了两种活动的边际成本。

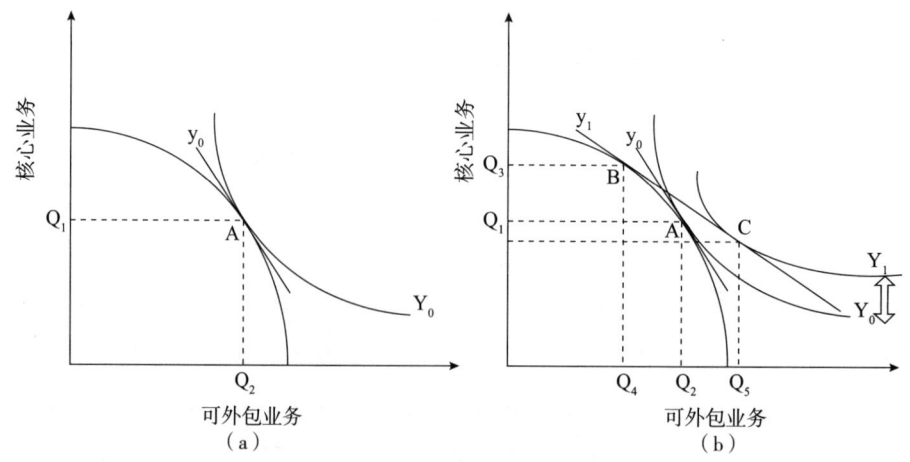

图 3-1　企业有无外包时的一般均衡分析

假设企业 B 可以更低的价格为企业 A 提供部分服务,那么 A 企业可以通过与 B 企业交易,从市场上获得中间服务。如图 3-1(b)所示,由于 B 企业的相对价格更低,因此价格线 y_1 相对 y_0 更加平缓,由于非核心业务的成本降低,A 企业将减少可外包业务的生产,开展更多的核心业务,从图上看，核心业务的生产由 Q_1 增加到 Q_3，非核心业务的生产由 Q_2 减少到 Q_4，生产可能性边界从 A 点移动到 B 点。此时，通过外包，A 企业能达到生产可能性边界之外的 C 点，而企业的最大产出量达到 Y_1，超过了企业在无外包生产时的产量 Y_0，Y_0 与 Y_1 之间的差额即表示 A 企业的外包所得。因此，在竞争性的市场中，企业通过外包，转移部分非核心业务的生产，可以获得更多的收益。

3.1.2 外包企业选址要素的成本—收益分析

上述企业外包的一般均衡分析存在一个基本假定，即 A、B 两个企业可以自由进行市场交换，不存在交易成本。事实上，企业外包的实施面临诸多交易成本。Coase（1937）将企业是否外包的问题归结为企业边界的问题讨论，即企业选择进行纵向一体化（内部化）还是横向一体化（市场化）。市场方式（外包）会有交易成本的产生，企业内部组织（自营）会有组织管理成本的发生（Williamson，1979，1985）。除了成本考虑之外，外包企业不同的选址区位也会带来不同的收益。本部分将从成本—收益的角度对影响外包企业选址的要素展开具体分析（见图 3-2）。

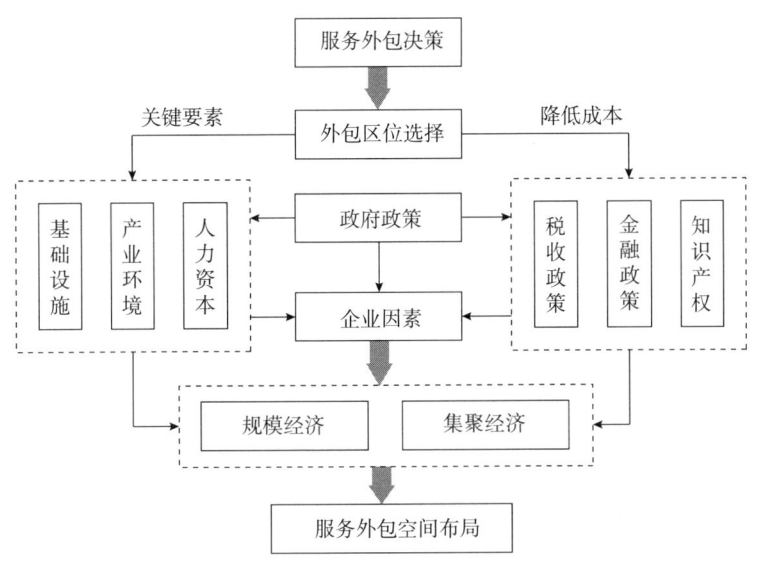

图 3-2 服务外包企业选址的关键要素分析

3.1.2.1 成本分析

（1）人力成本。由于全球范围内不同区域人力成本的巨大差别，人力因素成为影响服务外包企业区位选择的首要因素。首先，服务外包产业能否发展受限于人力资本的储量。例如，必须有充足的劳动力供给以满足外包中心长时间的运营需要，一般一天要运营12小时，而且一周工作七天，且当地的劳动法要准许。在美国，业务流程中心无法雇用到365天，每周7天，以及每天24小时工作的工人，这也是为什么许多企业考虑将离岸服务外包到国外的一个主要原因（Richardson and Marshall，1999）。其次，人力资本需要达到一定的质量以满足客户的需要。高质量的人力资本储备是影响呼叫中心区位选择的主要因素，对于电话或者E-mail交流的业务流程来说，人力资本的重要考虑因素是被服务顾客所在国家的语言和方言的能力（Read，2001）。最后，在竞争的市场环境下，雇员的报酬水平大大影响了外包区位的选择，例如在软件类行业中，人力成本占到全部成本75%左右的比重（吴琳，2009）。特别是在离岸外包领域，区位带来的比较优势效应更加显著。在美国，一个软件工程师小时工资60美元，在印度只有6美元，加上近年来信息技术产业的高速发展，工资压力的增加迫使欧美企业主动开展外包（Jones，2003；张云川和蔡淑琴，2005）。

（2）信息交流成本。由于外包后产品生产过程被全球化组织，需要跨越长距离的信息交流来协调，会产生额外的信息交流成本。随着信息技术的快速发展和交通运输成本的大幅下降，空间距离对服务外包的影响程度正逐渐减弱，因而不同类型、不同媒介的信息交流成本成为外包成本中的重要部分。首先，信息和通信技术（ICTs）的进步极大地改变了以信息为中心的服务的不可贸易性，根据UNCTAD《2004年世界投资报告》，信息网络技术大幅度降低了市场交易成本，这使企业的业务规模和市场占有率的扩大更倾向于外包特别是"离岸外包"来实现。其次，宽带在通信领域中的应用提高了数据传输和处理速度及业务的可视性，分散在世界各地的供应商可以通过网络观看和讨论共同研发的新产品组件设计和新工艺进展状况，为缩短新产品和新工艺的研发周期创造了条件（宋丽丽，2008）。国际数据公司（IDC）

统计显示，利用互联网，企业的交易成本可降低70%~90%，信息传输成本降低60%~80%。最后，发达的信息、技术支持新的服务产品出现，从而满足新的服务需求，为服务创新提供了技术保障，并使服务产品定制化成为可能（赵鸿，2011）。

（3）交易成本。企业外包"由内而外"，首先会派生额外的商务成本，虽然服务外包不像制造外包需要运输货物，但服务外包开展中需要技术管理人员面对面地交流，这将派生较多商务旅行，因而相比企业自行组织，会有额外的商务成本产生。其次，以服务外包园区为主要形式的"楼宇经济"成为当前外包产业发展的主要载体，虽然相比制造业，服务外包产业占用土地较少，但是土地成本仍然是外包企业经营成本的重要组成部分。

（4）政府交流成本。作为一个新兴产业，服务外包产业的发展壮大需要依靠当地政府的支持。这些支持包括投资激励、税收激励、补贴、改善基础设施、知识产权保护等方面，最为重要的就是税收和金融政策。此外，承包国的制度环境，主要包含知识产权保护、行业协会服务等方面的要素也是关系外包产业发展的重要方面。目前，我国已经建立了21个服务外包示范城市，除了国家政策的支持之外，针对每个示范城市，地方也有很多针对软件产业和服务出口的相关优惠政策，这些政策对促进我国服务外包产业的发展起了非常关键的作用。

3.1.2.2 收益分析

由于经济活动空间区位优势的差异，企业可以通过集聚经济、规模经济等效应带来成本的节省和效率的提升。

（1）集聚经济效应。服务外包发展的一个重要趋势就是产业的空间集聚。世界各地兴起的各种软件园、科技园、创新园等不仅是产业发展的重要载体，更是产业集聚的主要形态。各类服务外包企业在空间上的集聚，有利于整体实力的增强，获得较好的集体声誉，吸引优秀人才的流入，同时还能加速企业之间信息的交流传递，促进企业之间的相互学习与提高，通过示范竞争效应更好地产生技术外溢，对企业和产业的发展有着很大的促进作用（卢建平，2011）。印度的成功经验之一就是将大部分软件外包集聚在少数城市的软件技术园内,并且技术创新也大多在此产生,闻名世界的班加罗尔产业园区就是例证。

(2)规模经济效应。规模经济效应指企业在单位时期内平均成本与产出数量的反比关系,企业业务量越大,越可以通过扩大数量降低成本。如果外包由专门的服务供应商来提供,则可通过规模经济获得成本优势。外包可以实现不同规模的生产工序在不同空间场合配置的过程,从而达到节省平均成本和提升资源配置效率的目的(景瑞琴,2009)。同时,许多服务流程需要多种不同的专业化技能,如果企业内置一个团队完成这些服务,不但其专业化程度和技术多样性可能难以满足,而且难以达到规模经济(刘征驰,2009)。一般来说,规模较大的专业外包供应商都拥有配备齐全的专家技术团队,这种专业的技术团队成为规模经济的来源之一;此外,某些专业领域内只有大规模运作的服务提供商才可能在某区域甚至世界范围内提供标准性能和质量稳定的服务。例如,IBM 与中国铁路部门共建全球铁路创新中心,通过实时安全监控、动态资源调配、个性化客户服务等开展铁路信息化建设,共建"智慧铁路"。全球大型 IT 服务厂商如微软、HP 等,在世界各地可以依据统一方法和标准提供信息行业的外包服务。由于在广泛空间范围内提供标准化的服务对于某些服务发包商具有重要意义,因而这类规模经济效应具有相应市场价值(卢峰,2007)。

3.1.3　引入区位要素的外包企业选址的均衡分析

如图 3-3 所示,企业不考虑交易成本时,由于非核心业务的成本降低,A 企业将减少可外包业务的生产,开展更多的核心业务,通过外包,A 企业的生产可能性边界从 A 点移动到 B 点。然而,考虑到市场交易成本的存在,A 企业外包的相对成本线从 y_0 移到 y_2,生产可能性边界从 A 点转移到 C 点,企业的最大产出低于不存在市场交易成本的情形,但是仍然高于企业没有外包的情形。

根据以上分析,企业是否外包以及外包深度由临界水平上外包的边际收益和边际成本决定。如图 3-4 所示,横轴表示企业外包的程度(按技术密集

3 服务外包产业时空演变的理论分析

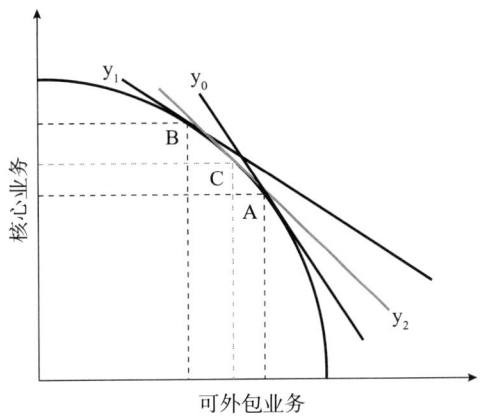

图 3-3 市场交易成本对企业外包的影响

程度以及核心业务程度排序），纵轴 C/C_0 表示企业外包的相对成本。根据 Feenstra（1998）等的计算结果，本企业与外企业的单位成本之比是一条向右下方倾斜的曲线。当企业自行生产的相对成本大于 1 时，那么在 [0, m) 范围内的业务都将被外包出去，反之，当相对成本小于 1 时，则选择企业自行生产。考虑到区位优势因素带来的影响，接包方可以在更大程度上降低发包方的相对成本，相对成本曲线将会上升至 C'/C_0'，企业生产活动的临界点也从 m 点右移至 m' 点，即扩大了企业的发包范围。

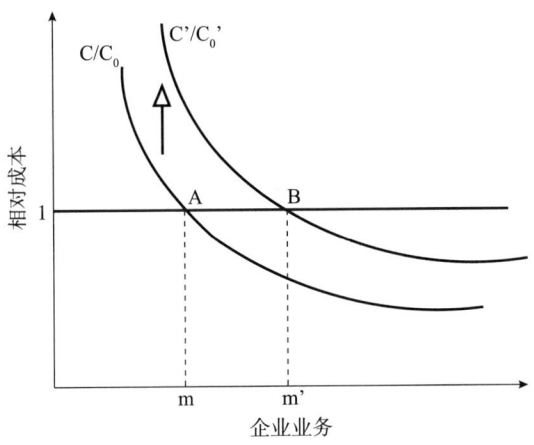

图 3-4 区位差异扩大发包企业的外包范围

从接包方 B 企业的角度看，由于企业提供的是具有一定科技含量的服务型产品，因而相比其他制造业外包，对技术型劳动力具有相当的需求，同时企业发展的主要成本也在于人力成本，即员工的工资。如图 3-5 所示，图中展示的是接包方 B 企业技术型劳动力相对于普通工人的供给—需求曲线。其中，纵轴表示技术型工人相对普通工资的工资 W_s/W_l，横轴表示技术型工人相对普通工人的数量 S/L。相对需求曲线是向右下方倾斜的，这是因为如果技术型工人的工资上升，那么企业可能会雇用更多的普通工人来代替熟练工人，否则会导致较高的用工成本。另外，相对供给曲线是向右上方倾斜的，这是因为如果技术型工人的工资上升，那么会有更多的技术型人才愿意加入到该行业中来。而相对供给曲线与相对需求曲线的交点 A，表示了 B 企业技术型劳动力与普通劳动力相对工资与数量的均衡点。

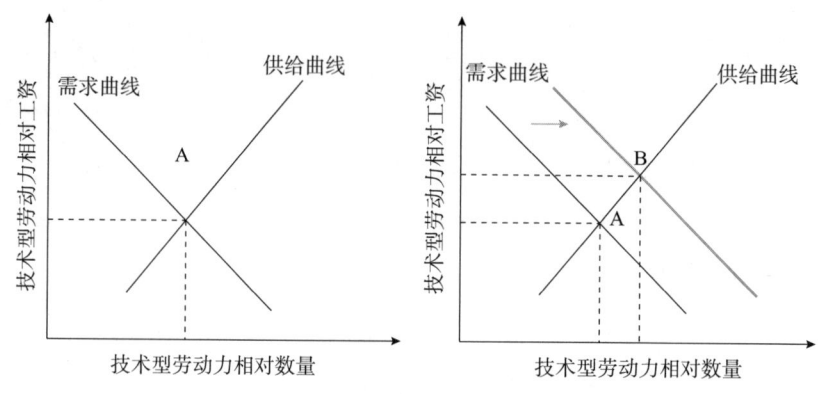

图 3-5 接包企业技术型劳动力相对工资与数量变化

可以发现，随着发包方 A 企业的外包业务范围的扩大，更多的新业务被转移到 B 企业。而且根据假设，新业务相比之前的业务具有更高的科技含量，这表示 B 企业需要更多的技术型劳动力，因此图 3-5 中的需求曲线将向右移动。随着对技术型劳动力的需求上升，均衡点也从 A 点移动到了 B 点，即技术型工人的比例和工资都将上升。而相对工资的上升意味着接包企业生产成本的增加，也意味着发包企业市场交易成本的增加。如果成本继续增加，那么图 3-3 中的相对成本曲线将越来越陡峭，意味着发包企业利益空间将越来越小,直到发包方选择不再外包或者将外包业务转移到新的更有利益空间的地区。

综上,接包企业的选址应综合考虑当地熟练劳动力的数量和工资成本,具备高素质劳动力—高成本的地区会因交易成本太高令发包方止步,而劳动力素质普通—低成本的地区则会因人力资源不足无法展开业务,这些都不是适合服务外包产业发展的最佳区位。因此,只有劳动力的素质和成本均达到较为均衡的水平,才能为发包企业节省较大的利润空间,最终赢得发包方的青睐。

3.2 外部要素对服务外包企业选址的影响分析

在成本—收益角度的服务外包企业选址的一般均衡分析中,外包程度理论上由临界水平的边际收益和边际成本决定。而实际发展中,服务外包边际收益和成本还受到外部力量的影响和制约。理解当代服务外包兴起的深层根源,还需要考察相关外部要素如何变动并影响服务外包边际成本—收益平衡点。随着世界范围内经济组织方式日益全球化,服务外包从最开始的降低成本逐渐向提高核心竞争力、创新商业发展模式转变。在宏观经济层面,经济全球化持续深入推动企业通过外包来占据全球价值网络的关键节点;在行业层面,转型压力与服务化趋势迫使企业与重要的IT供应商建立重要战略合作关系,以提高核心竞争力;在实施层面,信息化为服务外包的现实开展奠定了技术基础。

3.2.1 全球化与服务外包发展

(1)降低人力成本。随着全球经济一体化的趋势不断增强,国际贸易壁垒不断减少,资本、信息、技术、劳动力等资源得以在全球范围内流动、配置和重组,推动整个世界连接成一个巨大的市场。随着人力成本大幅上涨和人口红利的消失,未来人力资源将成为企业竞争的核心资本。企业一方面需要降低人力成本,另一方面对创新人才、高端人才的需求也更强,在此背景下，服务外包的开展将成为大势所趋。

（2）降低交易成本。随着竞争日趋激烈，企业对服务外包降低成本的机遇更为敏感。正如Scholl（2002）提到，不景气和竞争压力增加的宏观经济和政治环境有力地改变了商业竞争场景，促使各类组织寻求更加节省成本和提升效率的增长模式，寻求利用较少基础设施和雇用较少员工的增长模式，而服务外包满足了这些需求。在全球化进程中，国际分工由产业内分工发展到全球范围内的产品内分工，即产品生产过程包含的不同工序和区段，被拆散后在空间上分布和展开到不同国家去进行，形成以工序、区段、环节为对象的分工体系，以最大限度降低成本，提高产出效益（许佩倩，2004），越来越多以产品为对象的横向国际分工被以产品工序、环节为对象的纵向国际分工即服务外包所取代。

（3）企业"横向一体化"发展。日益激烈的国际市场竞争迫使企业主动或被动地在全球范围内寻找合作机会，以趋利避害，立于不败之地（荆林波，2005）。一方面，竞争的关键因素由一般技术转向核心技术。企业若想最大限度地保持竞争力，就必须将一般技术的生产和服务外包出去，集中精力，不断进行技术创新，开发和垄断核心技术。另一方面，竞争的地域由区域转向全球。企业若想在全球市场保持和扩大市场占有率，不能仅靠自己的力量，而必须利用国外资源，与国外企业开展合作，组建战略同盟，因此，服务外包便成为一种有效的模式（朱智，2010）。通过服务外包，企业以网络技术为平台，将具有不同优势资源的合作方整合成快速反应的动态联盟，各方资源共享、优势互补、有效合作，共同应对激烈而严峻的市场挑战。产业组织出现垂直解体（Vertical Disintegration）的趋势，垂直一体化的跨国公司将原来在企业内部纵向链条上的某些环节分离出去，转而依靠外部供应商来提供所需的产品、支持服务或者职能活动。在消费者的需求更加多样和多变的市场环境中，越来越多的企业选择"横向一体化"，即专注于核心业务，而将非核心业务外包出去。这种潮流的出现推动了服务外包产业的快速发展（见图3-6）。

3 服务外包产业时空演变的理论分析

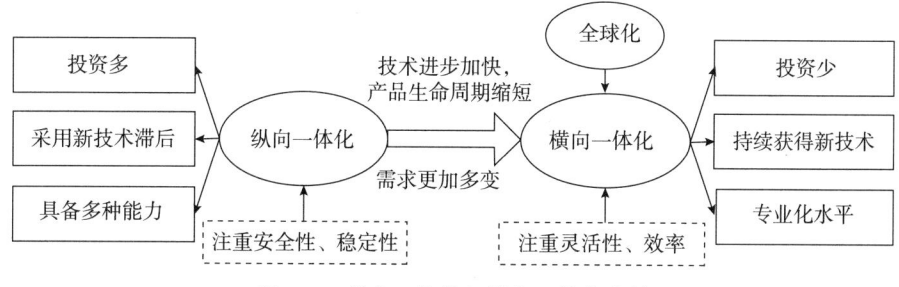

图 3-6 横向一体化与纵向一体化比较

（4）跨国公司"归核化"调整。在经济全球化的浪潮下，劳动分工的层次日益深化（石崧和宁越敏，2006），价值链逐渐突破地域和企业边界的限制，在全球延伸并且在空间上呈现出片断化和离散化的趋势（Boyreau-Debray and Wei, 2004）。全球生产网络的生产方式（汪明峰和宁越敏，2002；吴锋，2009），使产品内国际分工开始在全球价值链内部不同的工序和流程之间展开（Arndt, 2001; Jones and Kierzkowski, 2001），并通过空间分布分散化形成跨国或跨区域性的生产链条和体系（田文和刘厚俊，2006；李健等，2008）。近年来，跨国公司全球战略的调整为外包这种离岸模式的迅速发展提供了契机。随着全球市场的出现，很多跨国公司都开始了全球化的经营战略，散布于世界各地的处于全球价值链上的企业进行着从设计、开发、生产到营销、销售、售后的循环往复的增值活动。通过外包整合全球人力资源、打造全球产业链已成为跨国公司全球转变的重要战略（王志乐，2008）。

随着经济全球化等过程极大改变了跨国公司的经营环境、竞争规则和创造价值的方式，跨国公司越来越意识到多元化经营战略的弊端：摊子过大或不熟悉相关领域导致收益降低甚至亏损，于是就产生了跨国公司从多元化经营到业务归核化（Refocusing）的战略转变（宋旭琴等，2007）。把公司的业务归到自己最擅长、优势最大并且具有核心价值的环节上，强调核心能力的培育、维护和发展，这是跨国公司在外部环境竞争日趋激烈的情况下"有所为、有所不为"的一种主动选择，是为了更好地发展核心主业、提高竞争力而实施的战略转移（Glass, 2004）。跨国公司将非核心的生产、营销、物流、研发,甚至是非主要框架的设计活动都分包给成本更低的发展中国家的企业或专业化公司完成,一方面有利于分离没有优势的环节,使自己能够更好地专注于核心环节的生产;另一方面,在全球范围内寻找专业外包伙伴,可以实现资源的优化配置,并且减少成本(见图3-7)。

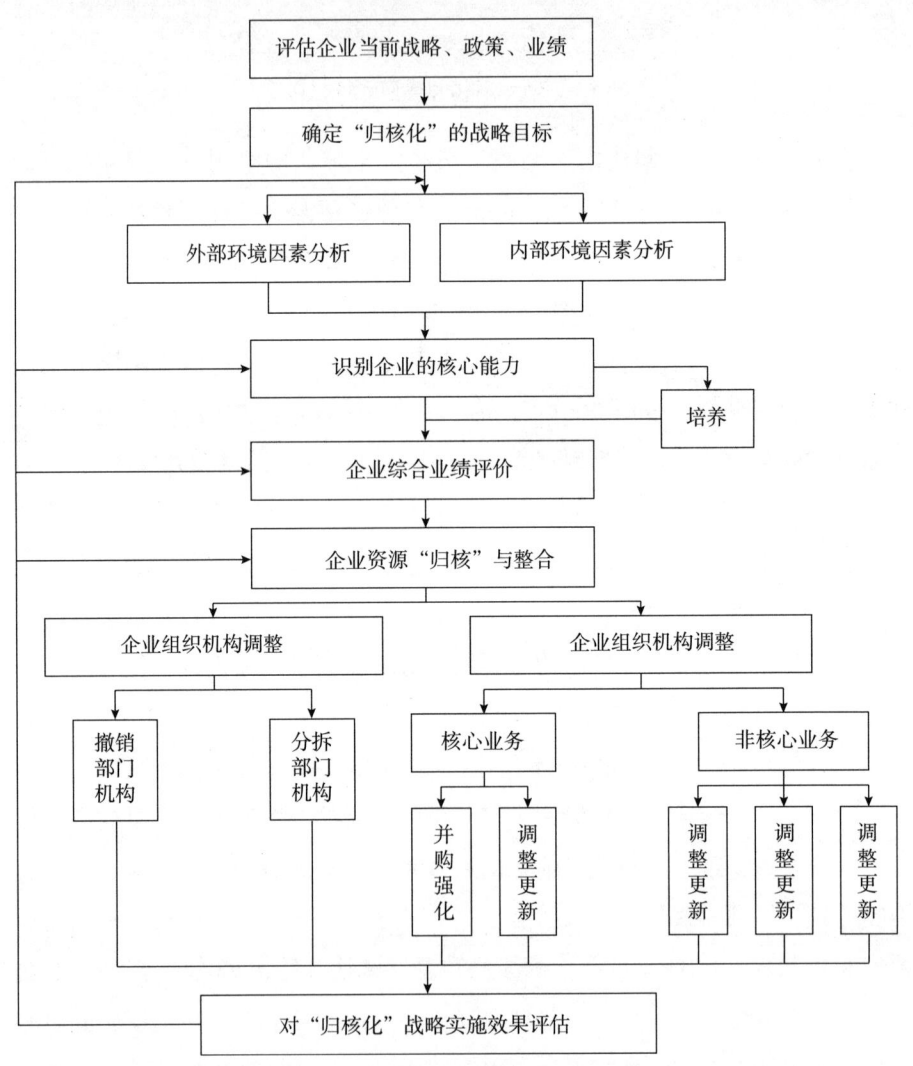

图3-7 "归核化"战略实施的基本流程

资料来源:沈仰东,宫长星."归核化"战略的实施问题研究[J].北方工业大学学报,2004,16(4):5-9.

3.2.2 信息化与服务外包发展

（1）降低信息交流成本。服务产品能否进行国际贸易，关键看其是否能够被标准化，以电子方式进行长距离传输，且在传输过程中不会降低质量（Dossani et al.，2005）。像会计、预约、计时工和其他与信息的收集、整理和组织相关的服务，以往服务业的传统性质决定了它们的不可贸易性。当代信息革命成果大大降低了远距离信息交流的成本，为产品内分工深化提供了坚实技术基础，对服务外包产生了决定性推动作用。20世纪90年代以后，以信息技术为核心的技术革命席卷全球，导致全球范围内通信成本迅速下降，而便捷程度飞速提高，信息传输量迅速放大，因地理距离造成的障碍几乎可以忽略不计，在客观上提高了全球可贸易资源的配置效率，大大缩短了服务业全球化进程（严启发，2006）。信息技术进步使它们日益模块化（刘志阳和施祖留，2009）、数字化和标准化（李雷鸣和陈俊芳，2004），并且可以与其他公司内的活动分割化，为它们的跨境交易提供了有形载体，从而具备了可贸易性，成为服务外包的对象。

（2）拓展服务外包领域。云计算是继计算机和互联网之后IT领域的又一次重大变革移动（郁德强等，2012）。互联网技术的发展使得企业和个人的网络接入成本进一步降低，不仅为企业的网络化经营创造了条件，也促进了企业新业务模式的出现。在云计算的浪潮下，基于"云"平台的"云外包"[①] 服务已经出现。云外包模式下，云计算强大的计算功能将加速整个服务外包产业集群化进程，在全球范围内形成一批规模更大、业务更娴熟、服务更专业的国际化服务外包集群。同时，云计算的推广将改变社会信息化建设和运作的基本模式，大大降低信息化建设的门槛和成本，有利于信息共享和资源利用（郁德强等，2012）。此外，随着"大数据"时代的降临，数据成为推动产业发展的新枢纽及核心要素，大数据外包成为全新的服务外包细分领域并迅速发展。作为BPO及KPO的新领域，大量大数据外包企业出现，

---

① http：//www.chnsourcing.com.cn/special/2010/cloudpowered-outsourcing/.

形成丰富的数据外包解决方案，帮助处于大数据时代的买家做内部数据挖掘，或侧重优化，帮企业更精准地找到用户，降低营销成本，增加利润。

3.2.3 服务化与服务外包发展

（1）提高生产效率。首先，在信息技术革命的背景下，产业结构正在发生根本性的变化。新产业结构的本质就是模块化（鲍德温和克拉克，1997）。服务业的模块化是指将以往企业内部自行提供的服务逐渐分割给专业服务企业，由此带来服务效率的提高，促进服务业专业化发展。在这个过程中，服务外包作为重要的运营机制使"高度集中的纵向一体化产业结构开始转变为一群独立公司所组成的联系松散且纵向分散的模块族群"（鲍德温等，2003），可以有效降低运营成本，提高资源生产效率。其次，随着社会分工不断深化，服务业降低社会总成本的作用越来越突出，对提高经济的整体效率起到了重要的作用（吴敬琏，2006）。

（2）促进集聚经济。外包始于制造业，伴随着信息和通信技术的发展，服务变得可交易，产生了服务外包。现代服务业发展中最值得注意的现象，是生产性服务业的快速发展。在其发展进程中，生产性服务业从企业原有的信息技术部门中分离出来，并不断向其他产业渗透融合。当前，伴随资本的国际流动和制造业的国际转移，以软件为核心的生产性服务业也逐渐呈现出快速发展和国际转移的趋势（刘绍坚，2007）。新技术革命导致以技术创新为主演变为以应用创新为主，以用户为中心取代以厂商为中心，软、硬件主导让位于软件和服务。IT产业发展趋势是服务化，而外包是IT服务中发展最快的规模化行业。此外，制造业的低成本化和海量信息的免费化趋势导致制造业与服务业的深度融合。随着信息与通信技术的广泛应用，服务业与制造业由分工、分化到互动融合，服务化成为全球制造业发展与升级的重要趋势（郭怀英，2013）。从国际来看，制造业服务化已经成为引领制造业产业升级和保持可持续发展的重要力量，惠普收购EDS、戴尔收购佩罗系统和毕博咨询等，都体现了软硬件一体化给外包产业带来的整合浪潮（见图3-8）。

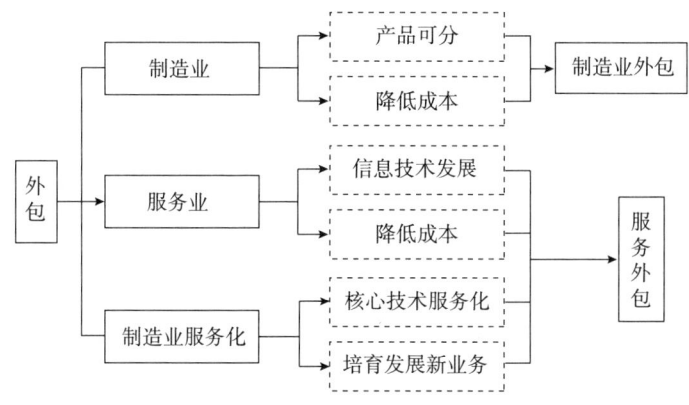

图 3-8 服务外包演进过程

资料来源：朱智. 黑龙江省传统优势支柱产业服务外包发展研究［D］. 哈尔滨商业大学博士学位论文，2010.

3.2.4 政府推动与服务外包发展

（1）降低交易成本。为了更好地承接国际服务业转移、推动服务外包产业的发展，承接国政府从各个方面采取措施，帮助企业降低交易成本。首先是加深对产业发展的认识和理解。其次是为产业发展建立一个公平竞争、以诚取信的经营环境。再次是打造产业发展的软环境和硬环境。一方面，在交通、通信、能源等基础设施领域建设优良的硬环境；另一方面，完善各类产业发展制度，塑造良好的软环境。最后是研究制定相关优惠产业政策，例如通过信贷和税收优惠来帮助企业。

（2）促进集聚经济。政府部门出于产品配套、基础设施建设以及信息、人才、市场等方面的需求，越来越追求"集聚效应"。一方面，有关部门立足本地的产业基础，着眼于结构调整和产业升级，把服务外包发展与主导产业的培育结合起来。另一方面，服务外包产业用地布局的主要模式是"空间集聚"模式，即由原来零星的用地向成片的功能区集聚发展，服务外包园区已经成为产业发展的主要载体。近年来，各地相继建成的呼叫中心、数据中心、医药研发、创意设计、影视动漫等专业园区，集聚了一批国际国内知名的外包企业，已经形成了良好的服务外包产业集聚效应。

3.2.5 影响服务外包成本收益的外部因素解释

总体来看，在全球化、信息化和服务化过程的影响下，伴随技术进步和产业结构演变，生产过程内部服务投入的比较优势和规模经济差异显著，企业开展服务外包的成本大幅降低，如图3-9所示，企业外包的相对成本线从 y_0 移到 y_2，使企业的最大产出量从 Y_0 显著上移到 Y_2。同时，企业外包的业务范围也不断扩展。

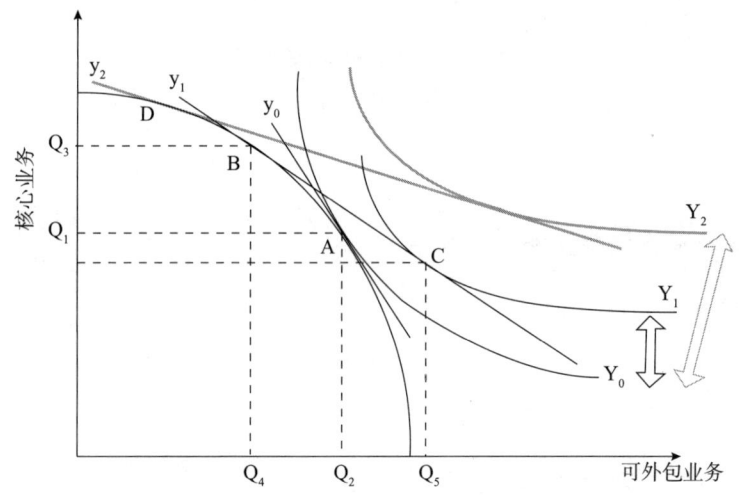

图 3-9 服务外包兴起与发展的成本收益解释

近年来，随着信息经济、知识经济的快速发展，企业的经营环境正从以往相对稳定的静态环境，向日益复杂多变、充满不确定性的动态环境发生转变。面对日益开放、多变的发展环境，企业以往成功的盈利模式或者核心要素，在新的环境下可能并不能持续。如何应对外部发展环境变化的压力成为各国企业共同面对的难题，企业需要外部力量的协同。在此背景下，外包不仅成为企业降低成本的重要战术手段，更作为企业应对发展环境变化的战略变革应运而生（Mclvor，2005）。通过外包改变或优化企业的发展和运作模式，取得新的竞争优势，这种情况在IT行业尤其多见。从大型跨国公司IBM、HP到国内的联想、神州数码等，这些企业从生产、销售计算机及周边产品，到提供系统集成服务、电子商务服务、IT咨询和信息化服务，不断进行商业模式变革。其他行业，如东软集团之前在健康医疗领域为医院提供医疗设备和定制信息系统，随着经济形势变化和人们对健康的关注度提升，东软正在研究新的健康医疗计划，专门提供医疗咨询服务。这些企业的变革、创新意味着对整个企业进行改造——决策者选择向上游或下游延伸，或从制造转向提供服务，用新的方式创造价值（宋丽丽，2008）。

3.3 服务外包产业空间演化模式

结合现有研究和案例区特征，可以将区域内部服务外包业的集聚和扩散过程分为以下几个阶段（见图3-10、图3-11）。

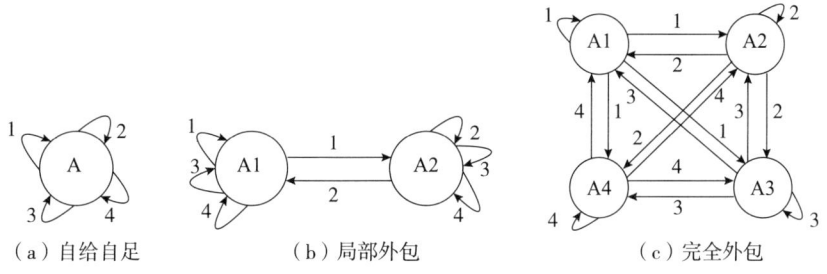

（a）自给自足　　　　（b）局部外包　　　　（c）完全外包

图3-10　服务外包发展过程

资料来源：杨小凯，张永生．新兴古典经济学与超边际分析［M］．北京：社会科学文献出版社，2003．

3.3.1 服务外包产业初始发育阶段

服务外包产业发展的初期阶段是从软件外包开始萌芽的，产业发展初期，随着分工深化和专业化技术的发展，外包业务范围不断扩大，虽然没有明确形成"服务外包"的概念，但实际的外包产业形态已然存在。如图3-10所示，一个企业（A）的经营管理中有四个流程（图3-10（a）中的1、2、3、4），企业只有完成全部四个流程才能获得盈利。这个阶段，企业交易效率较低，此时因外包产生的交易费用要远大于外包带来的利益，所以企业发展的各类

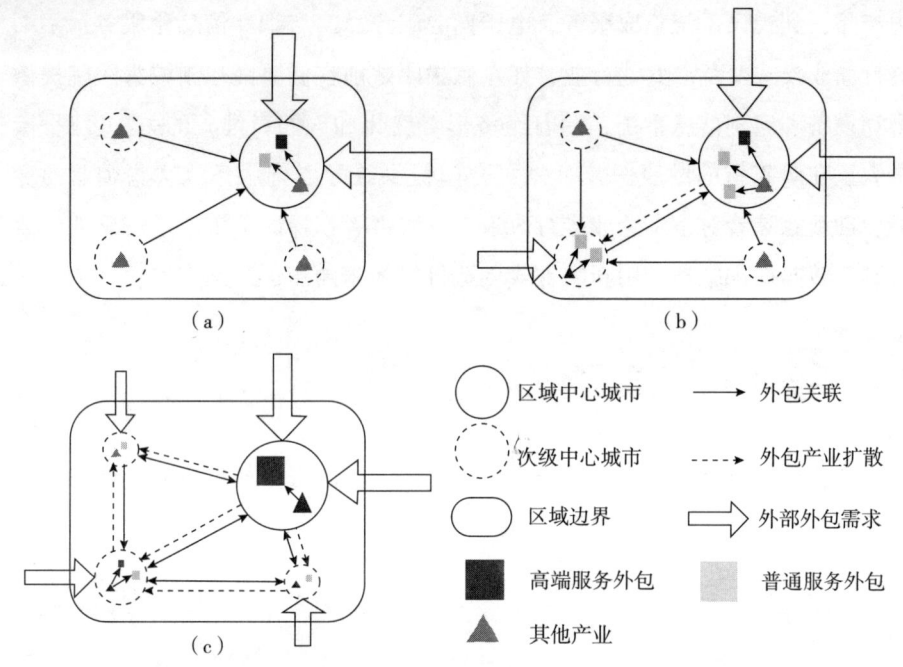

图3-11 服务外包产业空间演化模式

服务均由内部提供（见图3-10（a）），自行完成全部流程。外部专业化的服务供应商虽然存在，但尚未形成规模化发展。

从空间格局看，由于区域内部中心城市的服务业发展较快，产业门类相对齐全，专业化组织和产业分工程度较为完善，城市总体服务功能较强大，再加上中心城市的基础设施、开放程度、人力资源等各方面都具有相当优势，因此可以较早地承接到国外服务业转移。因此，服务外包产业发展初期，产业规模较小、层次低、门类不全、服务能力薄弱，产业主要集中在区域中心城市内部，呈现初始集聚状态。

3.3.2 服务外包产业快速发展阶段

服务外包产业快速发展阶段，企业交易效率逐渐提高，开始尝试部分外包。由于初期服务外包业务的良好示范效应，以及各行业内部对外包需求的增加，企业开始外包更多的生产环节（见图3-10（b）），每个企业选择完成流程 1 或流程 2，仍自己完成流程 3 和流程 4，每个企业完成流程数由原来的 4 个减少到 3 个，专业化水平上升。特别是在政府政策的强力引导下，服务外包业务大量展开，催生了一大批专业软件开发公司，针对制造业、金融业、物流业等多个领域，培育出许多专门从事软件定制开发及系统集成服务的专业化企业。

在这一阶段，服务外包产业增长趋势明显，在空间分布上，原有的区域中心城市的地位得到了进一步强化，同时，产业开始向区域内部条件较好的次级中心城市转移，区域次级中心开始形成，区域总体的服务功能不断增强，总体空间结构呈现非均衡扩散的状态。

3.3.3 服务外包产业基本成熟阶段

服务外包产业基本成熟阶段，随着交易效率的进一步提高、产业分工不断深化以及信息通信技术的发展，越来越多的企业把服务作为差异化竞争的重要手段，社会进入完全外包状态（见图 3-10（c）），每个企业只专业化完成一个流程，对于其他流程的需求由服务外包来满足，服务外包的发展使每个企业更加专注完成自己的流程。随着专业化生产效率的提高，同时为满足人们多样化的产品偏好，交易的次数和交易费用也相应增加，但专业化的利益要大于产生的交易费用，每个企业的选择都是完全专业化的，并实现完全外包，最终达到经济一体化。

在这一阶段，企业组织的不同功能形成了不同的空间分布。服务外包产业在空间分布上，许多服务外包企业将总部设立在一线城市，而将交付中心转移到二三线城市和中西部城市，二线城市已经逐步成为服务外包的重点城市。"一线城市接单，二三线城市交付"的模式和分工格局正在逐步形成。这一分工格局有利于发挥大城市的辐射带动作用，促进中小城市发展服务外包。总体空间结构呈现等级化网络分工合作的状态。

3.4 服务外包产业发展效应

作为经济全球化的新标志和国际产业转移的新兴主流方式，服务外包产业的影响力已经深入到国际经济活动的方方面面。服务外包的发展不仅改变了服务领域要素配置的方式，而且对相关国家和地区的经济增长、产业结构升级以及国际竞争格局产生了深远的影响。图3-12所示为全球外包业务发展趋势。

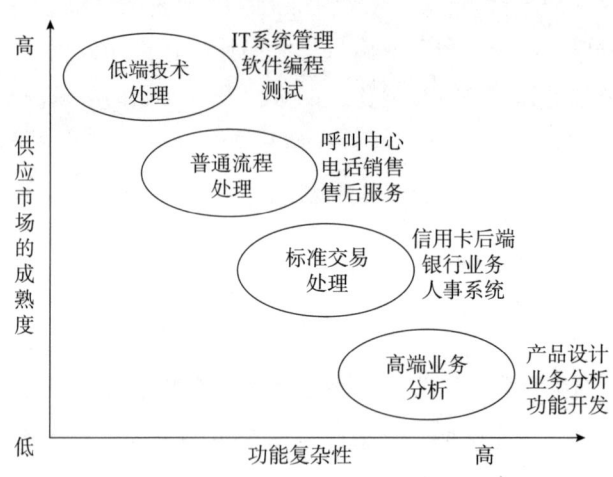

图 3-12 全球外包业务发展趋势

资料来源：于慈江. 接包方视角下的全球 IT 和 ITES 离岸外包：跨国服务商与东道国因素研究[M]. 北京：经济科学出版社，2007.

3.4.1 服务外包发展正面贡献

首先，承接国际服务外包可以从直接就业和间接就业两方面促进承接国的就业增加（赵鸿，2011）。一是承接国际服务外包直接导致就业增加。由于发包国的服务工作直接转移到承包国，为承包国提供新的就业岗位，引起承包国就业数量增加。二是承接的国际服务外包通过带动国内服务业的技术提升，创造更多的知识型劳动力就业机会，所以承接国际服务外包可在更广泛的程度上促进知识型劳动者的就业。其次，服务外包产业的发展对促进区域经济发展具有乘数效应，并具有优化区域产业结构的积极影响。在对产业结构的影响方面，国际服务外包的发展推动发展中国家服务业内部结构中生产性服务活动的比重增加，与服务相关的部门重要性不断提高，促进发展中国家产业升级。一方面，产业服务化趋势导致分工更加细化，使服务业的专业化水平不断深化，从而既提高了制造业的效率，又促进服务业自身的迅速发展。另一方面，服务外包促使低效率的产业释放出生产要素，为竞争力强的新产业提供生产要素，实现资源优化配置，促进资本、技术要素的积累，从而可以为产业的有序升级奠定基础（潘伟志，2005），促进产业从现有的全球产业链的底端环节向两端延伸，获取更高的附加值。因此，国际服务外包的发展对产业结构的提升和实现增长方式的转变提供了强大的动力。

3.4.2 服务外包发展负面影响

首先，国际服务外包促进了国际分工的深化的同时，也强化了在发达国家与发展中国家之间的垂直分工。这种新的分工形式——生产服务工序的分工，使发展中国家在整个国际分工中处于更加不利的地位，将导致世界财富向服务业竞争力强的发达国家进一步积聚（赵鸿，2011）。在发达国家与发展中国家生产服务工序的分工中，服务的高端流程部分，如产品的定位、核心技术和自主品牌由发达国家控制，低端部分由发展中国家加工，最终由发达国家的跨国公司控制销售。这种分工，虽然能够为发展中国家带来就业、产出增加等效应，但在总体上，很难摆脱依附型经济的特点。以印度为例，2008年全球金融危机导致印度大量中小服务企业倒闭，700万名从业人员面临危机甚至失业（宋寒等，2010）。因此，如何引导服务外包从"打工经济"转向促进本国产业转型，提高我国在全球产业分工网络中的地位，推动三次产业之间的动态升级和协调发展，促进我国经济的可持续发展，仍然需要更加深入的思考。其次，我国目前的服务外包产业发展尚处于起步阶段，出于对幼稚产业和战略性产业的最初扶持和培养的考虑（梁碧波，2004），政府的各种政策和资金扶持是必要的。然而政府无偿投入的"平均主义"，助长了各地的盲目跟从，又使资金分散、激励作用减弱，并可能会由于产业政策的扭曲效应对整体经济运行效率带来消极影响（孙晓琴等，2010）。从长远来看，税收优惠、资金补贴政策只是产业发展初期的扶持和引导，政府职能应体现在为企业创造良好的发展环境，把关注重点放在基础设施建设、人才培养、知识产权保护、法律法规完善等方面。

  本章在全面总结现有理论脉络的基础上，从成本—收益的角度出发，构筑了一个解释服务外包产生、发展的综合分析框架，分析了推动服务外包发展的内在动因和外生动力，并从理论上分析了服务外包产业发展对区域经济的效用及影响。

长三角地区服务外包产业发展历程

4 长三角地区服务外包产业发展历程

长期以来,长三角地区一直处于国内制造业中心的地位。然而,近年来长三角地区制造业比较优势正逐步弱化,由于土地成本、劳动力成本等要素禀赋相对优势逐渐丧失,依靠劳动力和资源的低成本竞争之路已经走到尽头。特别是近期全球经济不景气,尤其受美国次贷危机的影响,国外市场需求明显萎缩,长三角出口导向的经济发展模式遭遇了重大冲击,大量民营企业面临倒闭的巨大压力。因此,从国际产业发展趋势和要求出发,长三角地区从制造业为主向服务业发展转变是必然方向。伴随经济全球化的深入和信息通信技术的发展,新一轮国际产业转移以"服务外包"这一崭新的形式在世界范围内蓬勃展开。作为现代服务业的重要形式,我国高度重视服务外包行业的发展。在这样的宏观发展背景下,一直跻身中国经济发展前沿的长三角地区,成为推动外包产业蓬勃发展的"先锋部队"。本章在总结我国服务外包产业发展现状及特征的基础上,对长三角地区服务外包产业的发展历程进行了梳理。

4.1 我国服务外包产业发展概况

追溯我国服务外包的发展历史,可以回顾到1985年中国科学院向日本派遣软件研修生和1988年IBM公司向中国转移系统软件的汉化工作(曲玲年,2011)。但服务外包产业开始形成规模,被政府和社会广泛认知并进入高速成长期是2000年之后的事情。随着以IT技术革命和信息化为代表的新经济的兴起,我国政府与学术界开始关注以参与软件生产国际分工为重要内容的印度经验。2000年和2002年国务院先后出台了两个有关软件行业的文件[①]，对我国软件业的发展起到了重要作用，也推动了软件服务外包的发展。2001年6月，原国家信息产业部和原国家计委联合制定了《国家软件产业基地管理办法》，共批准了北京、上海、南京、广州、杭州、大连、成都、济南、长沙、西安、珠海11个重点软件园区作为国家级软件产业基地（见表4-1），11个国家软件产业基地城市集聚了全国80%左右的软件业务和人才资源，其核心作用、牵引作用和示范作用十分突出（陈蕾，2011）。2003年，随着印度开始出现人力资源供给瓶颈，离岸软件服务开始快速向中国转移，包括中软国际、中讯集团、文思创新、博彦科技、软通动力、药明康德、东南融通、浙大网新等在内的一批服务外包领军企业迅速成长，这些在2003年还仅有300~500人的小企业，到2010年已发展至5000~10000人的规模，并陆续在纽交所、纳斯达克、中国香港和内地上市。2006年，我国"十一五"规划纲要中明确提出要"建设若干服务业外包基地，有序承接国际服务业转移"，而后商务部启动了"千百十工程"。作为一个新兴产业，"十二五"期间，服务外包产业首次被纳入我国国民经济和社会发展五年规划纲要，规划指出"大力发展服务外包，建设若干服务外包基地"。2013年李克强总理在中国国际服务贸易交易会（以下简称京交会）上，首次提出中国发展服务型经济的施政理念，强调要扩大服务贸易规模，拓展服务外包。为响应国家政策，全国各城市纷纷将服务外包纳入重点产业范畴，并制定出台了大量的产业优惠政策，希望通过服务外包产业推动本地经济的全面提升。随着国家多部委推动服务外包产业政策的逐步实施、全国21个服务外包示范城市政府配套政策的出台和大力推动，我国服务外包产业进入了全新的发展阶段。根据商务部服务贸易和商贸服务业司统计，2013年我国共签订承接服务外包合同167424份，合同金额954.9亿美元，同比增长55.8%；执行金额638.5亿美元，增长37.1%（见图4-1）。

---

① 2000年6月国务院颁布了《鼓励软件产业和集成电路产业发展的若干政策》（国发〔2000〕18号），2002年9月国务院办公厅转发了九部门联合制定的《振兴软件产业行动纲要（2002-2005年）》（47号文件），推动产业发展。

4 长三角地区服务外包产业发展历程

表 4-1 我国 11 个国家级软件产业基地

基地名称	基地规划面积（亩）
大连国家软件产业基地	4500
上海国家软件产业基地（上海浦东张江高科技园区）	225
成都国家软件产业基地	1000
长沙国家软件产业基地	3780
北京中关村软件园	1785
西安国家软件产业基地	1000
广州国家软件产业基地	4800
南京国家软件产业基地	200
珠海国家软件产业基地（南方软件园）	1500
济南国家软件产业基地	9750
杭州国家软件产业基地	800

资料来源：于慈江. 接包方视角下的全球 IT 和 ITES 离岸外包：跨国服务商与东道国因素研究 [M]. 北京：经济科学出版社，2007.

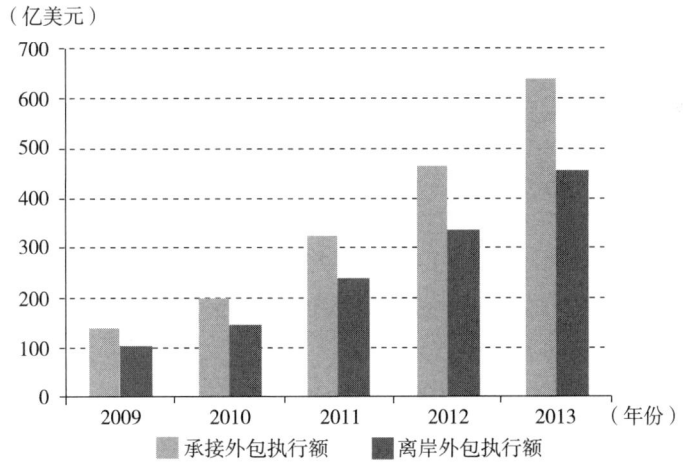

图 4-1 近五年我国服务外包总体规模

资料来源：中国服务外包网。

4.1.1 离岸外包发展

根据商务部统计，2013 年我国国际服务外包合同金额为 623.4 亿美元，同比增长42.2%；执行金额454.1亿美元，同比增长35%（见图4-1）。从具体业务类型看，信息技术外包、业务流程外包和知识流程外包承接国际服务外包的合同金额分别为311.7亿美元、97.2亿美元和214.5亿美元，同比分别增长36.8%、25.8%和60.8%。其中，美国、欧盟、中国香港和日本是购买国际服务的主要发包市场，2013年我国内地承接美国、欧盟、中国香港和日本的国际服务外包执行金额分别为117.5亿美元、71.4亿美元、54亿美元和51.8亿美元，占执行总额的25.9%、15.7%、11.9%和11.4%（见图4-2）。从吸纳就业的情况看，近年来服务外包产业吸纳就业人员规模稳步扩大。2013年我国服务外包产业新增从业人员达到106.5万人，截至2013年底，我国共有服务外包企业24818家，从业人员总数536.1万人，其中大学（含大专）以上学历355.9万人，占从业人员总数的66.4%。

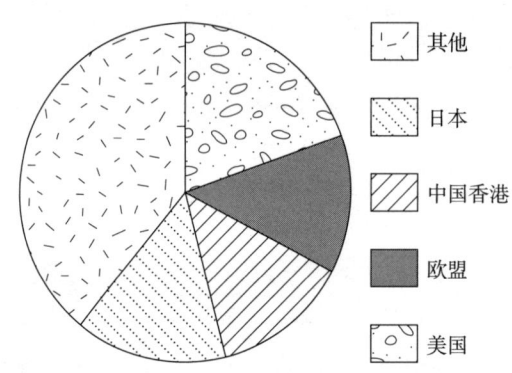

图4-2 我国离岸外包市场来源地

资料来源：中国服务外包网。

4.1.2 在岸外包发展

在岸市场方面，虽然现行政策中鲜有支持在岸业务发展的具体举措，在实际发展中存在多支持离岸业务发展、难以顾及在岸业务发展的局面，但是数据显示，我国本土服务发包业务仍在蓬勃发展。根据图4-3，近五年来，我国在岸服务外包增长迅速，业务量占我国全部外包总量的1/3左右。2013年在岸外包执行额超过180亿美元，业务增长率达到42.6%，超过离岸外包业务增长率近 8 个百分点。目前，政策文件虽已开始重视并鼓励国内有条件的企业从事在岸服务外包业务，但具体扶持政策仍然缺少可操作性，本土市场尚未得到充分开发利用。

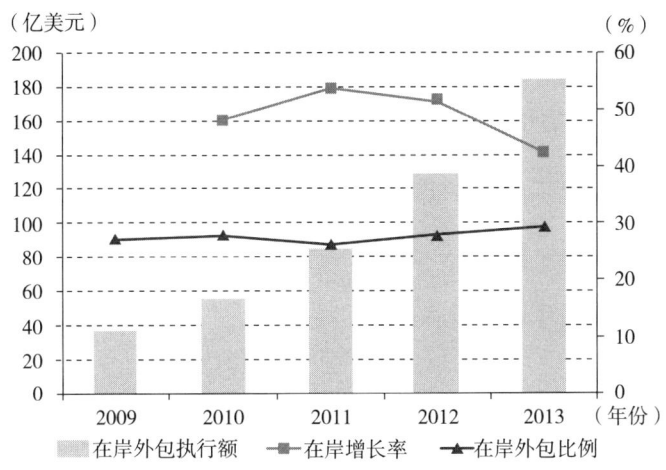

图 4-3　近五年我国在岸外包规模

资料来源：中国服务外包网。

从市场结构看，如图 4-4 所示，2010 年我国本土服务外包业务中，31.2% 的发包来自华东地区，26.1% 的发包来自华南地区，17.8% 的发包来自华北地区。长三角、珠三角和环渤海三大经济发达地区依然是国内业务的主要发包区域，三个地区的发包量占全国总发包量的 75.1%，集中度进一步上升。与 2009 年相比，华东和华南地区所占比重有所增长，华北地区比重有所下降，其中华东地区比重上升 1.3 个百分点，华南地区比重上升 0.2 个百分点，华北地区比重下降 0.5 个百分点（曲玲年，2011）。

从行业结构看，如图 4-5 所示，2010 年我国在岸服务外包产业规模中，来自金融业的发包量占 14%，来自电信业的发包量占 16.1%，来自制造业的发包量占 15.2%，来自政府的发包量占 15.7%。与 2009 年相比，来自金融业的业务比重下降 1.7 个百分点，来自电信业的业务比重上升 1.8 个百分点，来自制造业的业务比重上升 4.4 个百分点，来自政府的业务比重上升 0.1 个百分点。长三角地区在岸外包业务仍以信息技术外包和业务流程外包

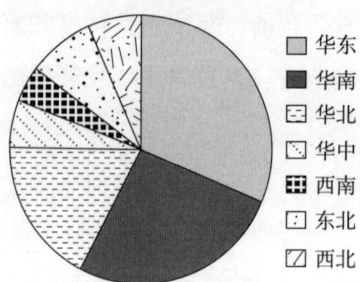

图4-4 我国在岸外包市场来源地

资料来源：曲玲年.中国服务外包产业现状与展望［EB/OL］.中国服务外包网，http：//chinasourcing.mofcom.gov.cn/.

为主，具体涵盖了软件设计、软件开发、信息服务、系统集成等多方面服务，发包行业与长三角本地的优势产业息息相关，其中，金融业、电信业、制造业、政府电子政务属于长三角地区在岸外包发包规模最大的四个行业。

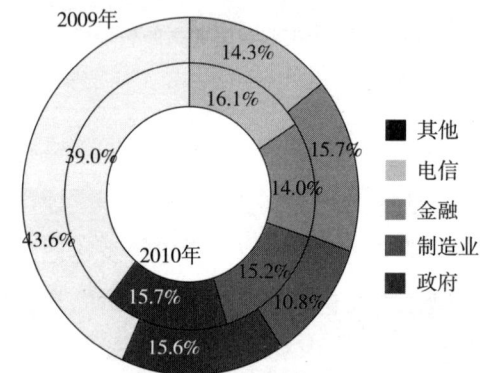

图4-5 2009年、2010年我国在岸服务外包行业结构

资料来源：曲玲年.中国服务外包产业现状与展望［EB/OL］.中国服务外包网，http：//chinasourcing.mofcom.gov.cn/.

4.2 长三角地区服务外包产业发展历程

长三角地区历来拥有雄厚的产业发展基础、优越的自然生态环境、良好的基础设施建设以及较高的生活水平，长三角各地高校及科研机构资源丰富、知识产权保护相对较好、国际交流和接触也十分广泛。自2006年商务部提出服务外包"千百十工程"以来，长三角地区服务外包产业已经取得了令人瞩目的成就，为后续发展打下了良好的基础。

4.2.1 服务外包产业萌芽阶段（20世纪90年代初期至90年代末期）

长三角地区服务外包产业于20世纪90年代初期开始萌芽，当时，服务外包的发展主要体现在软件园的建设上，最初的服务外包形式主要是IT外包。90年代初，当时的机械电子工业部副部长曾培炎在考察了国外软件业的发展情况之后，提出了发展软件园的思路。1992年，由机电部命名了我国最早的三大软件基地：以中软总公司为骨干的北京软件基地、上海浦东软件基地和珠海的南方软件基地。伴随软件园的建立，长三角地区的服务外包产业开始萌芽，一些企业开始承接软件外包业务。例如，苏州的新电信息、新宇、高德电子等企业在90年代初就开始提供软件外包的相关服务，虽然当时未被明确称为服务外包业务，但外包产业在90年代初已然存在。总体而言，长三角地区的服务外包在这一时期处于萌芽和初步探索阶段。

4.2.2 服务外包产业起步阶段（20世纪90年代末期至2005年）

20世纪90年代末期，伴随软件园大规模的开发建设，长三角地区服务外包进入了起步阶段。至2005年底，长三角地区共有国家软件产业基地3个、国家火炬计划软件产业基地7个、国家软件出口基地1个以及中国软件欧美出口工程试点基地3个（许嫒等，2009）。如表4-2所示，上海作为长江三角洲地区的龙头，软件产业外包出口发达，以微创等企业为急先锋，2005年上海软件出口近7亿美元，占全国的19.67%；大企业的地位突出，2005年上海产值超亿元的企业有43家，经营收入占全市软件企业总收入将近50%。江苏省的软件企业多为股份制企业，以软件应用、定制为主流，2005年出口额达到71947万美元，同比增长8倍多。浙江省软件产业的特点是，以行业应用软件和系统集成为主体，民营投入占主导地位，基本形成以杭州为中心、以应用软件和嵌入式软件为主体的布局和产业结构（许嫒等，

2009）。这个阶段，长三角地区的外包业务仍以软件外包为主，整个服务外包市场处于起步阶段。

表 4-2 2005 年长三角地区软件行业数据

	软件产业经营收入（亿元）	软件出口（亿美元）	软件企业数量	国家规划布局内重点软件企业	通过 CMM3 以上企业	从业人员（万人）
全国	3900	36	12000	164	140	90
上海	455	6.81	1596	27	56	11.8
浙江	251	3.08	900	14	6	5
江苏	415.9	7.2	939	6	6	14

资料来源：许嫒，李靖华，盛亚. 长江三角洲生产性服务业分工布局研究——以软件产业为例[J]. 科技进步与对策，2009（7）：54-58.

4.2.3 服务外包产业发展阶段（2006 年至今）

2006 年"千百十工程"出台后，长三角地区的服务外包产业进入了快速发展时期。从总体规模来看，长三角地区各省市数值庞大。作为长三角经济中心，上海服务外包业务种类比较齐全，企业分布相对集中，产业园区基本成型，发展定位较为明晰。2012 年上海服务外包合同金额和离岸金额分别达到 51.98 亿美元和 32.67 亿美元，在全国 21 个示范城市当中，连续三年名列第一。服务外包业对上海市 GDP 贡献度较高，成为上海经济发展新的增长点（耿学忠，2009）。江苏与上海十分相似，对服务外包的投入比率稳步上升。早在 2008 年，江苏服务外包的规模就已跃居全国首位。据南京市商务局统计，2011 年南京市全年共实现服务外包合同额 45.3 亿美元，同比上升 44.6%。截至 2012 年底，全省服务外包企业登记数量超过 1300 家，新增企业近 500 家，从业人员达到 17 万人。浙江省作为长三角地区的传统贸易强省，服务外包已成为其经济发展的主要增长点。2013 年，浙江全省服务外包离岸合同执行额为 46.29 亿美元，同比增长 25.22%。截至 2013 年底，进入商务部服务外包业务管理和统计系统注册登记的浙江省企业有 3267 家[①]。

---

① http://smfws.mofcom.gov.cn/article/difang/zhejiang/201401/20140100460229.shtml.

省内杭州和宁波是服务外包行业比较集中的城市，相关从业人员数量达到4.1万人，其中软件开发、金融服务外包、网络数字增值、物流外包等是其涉及比较多的服务外包业务（浙江省发展和改革委员会联合课题组，2008）。

  以上数据显示，长三角地区服务外包发展速度较快，规模数量庞大。究其原因，首先，上海经济辐射的地缘优势带来了整个长三角地区服务外包产业的崛起。作为中国国际化程度最高、综合实力最强的城市之一，上海的城市经济发展不断出现饱和及外溢现象，使周边地区得以整合人才高地和成本洼地的优势，充分挖掘本土及离岸市场。例如，上海的金融业发展成就了以花桥国际商务城为代表的金融后台外包产业的快速发展。其次，随着国家各部委推动服务外包产业发展政策的出台，长三角地区各市也适时推出了各项针对性优惠招商政策以及产业发展政策（见表4-3）。以无锡为例，2006年无锡出台了第一个关于服务外包产业的政策文件《无锡市服务外包产业"十一五"发展规划》，之后又相继出台了《无锡市关于集聚国际服务外包和软件出口企业"123"计划的政策意见》和《无锡市政府关于加快服务外包产业发展的若干意见》等文件。到2010年，全市已集聚了包括日本NEC、富士通、美国大展、IBM、福瑞博德、印度NIIT、Zensar，国内浪潮世科等多家国际知名的服务外包企业，以及海辉软件、中软国际、软通动力、浙大网新、清华紫光、无锡晟峰、成都颠峰、深圳易思博等国内服务外包50强企业；同时，药明康德、华夏计算机、横新软件、硅动力、华润矽科、好莱坞数码、江苏泛亚等无锡本土服务外包企业也快速成长。在强有力的政策推动下，无锡的服务外包产业步入快速发展的轨道。再次，长三角地区产业基础良好。长三角是我国重要的工业基地，制造业发达、人力资源充沛。一方面，制造业转型过程中产生了对生产性服务的大量需求；另一方面，各地政府还专门针对服务外包产业及企业发展需求，加强了产业孵化器和园区的基础设施建设，为本地服务外包产业的发展打造了良好的产业和运营环境。最后，产业集聚效应明显。目前"长三角服务外包产业带"不仅拥有五个全国服务外包示范城市，还设立了一批定位鲜明的外包示范园区，聚集了一批实力强劲的服务外包企业，产业集聚效应凸显。

表 4-3 国家、江苏以及苏州工业园区服务外包优惠政策一览

奖励/扶持类别	项目类别	申报基本条件	奖励/扶持内容	认定部门	政策文件
国家支持承接国际服务外包业务发展资金	新录用员工定额培训支持	①全年服务外包收入超过50万美元，其中境外收入占50%以上；②大专以上员工占70%以上；③新录用员工具有大专及以上学历，且签订一年（含）以上劳动合同	4500元/人	商务部 财政部	国办函〔2009〕9号
	国际资质认证	对获得13类国际资质认证认定的系列维护、升级给予支持	最多申报3个认证项目，每个项目不超过50万元	商务部 财政部	
	国家中小企业国际市场开拓资金	境外展览会；企业管理体系认证；境外专利申请；国际市场宣传推介；电子商务；境外广告（议）标；企业培训；境外收购技术和品牌等	参照政策文件	商务部 财政部	中小企业国际市场开拓资金管理办法
江苏省支持承接国际服务外包业务专项引导资金	省重点骨干型服务外包企业	①全年服务外包收入占公司总收入50%以上，其中向境外最终客户提供服务外包业务收入不低于服务外包总收入的50%；②大专以上员工占50%以上；③国际服务外包业务收入超过1000万美元。全省20个名额	200万元以内	省商务厅 省财政厅	
	省成长型服务外包企业	①全年服务外包收入占公司总收入50%以上，其中向境外最终客户提供服务外包业务收入不低于服务外包总收入的50%；②大专以上员工占50%以上；③国际服务外包业务收入超过300万美元，增幅超过30%。全省100个名额	100万元以内	省商务厅 省财政厅	
	在岸服务外包业务奖励	①全年服务外包收入占公司总收入50%以上；②大专以上员工占50%以上；③号境内发包商签订中长期服务外包业务合同，单笔合同一年内累计执行金额达到1000万元人民币	单笔合同奖励20万元，最多不超过60万元，且与重点骨干型成长型企业不重复奖励	省商务厅 省财政厅	苏财规〔2011〕46号

续表

奖励/扶持类别	项目类别	申报基本条件	奖励/扶持内容	认定部门	政策文件
江苏省支持承接国际服务外包业务专项引导资金	国际资质认证（省级资金）	对取得 13 类国际资质认证的维护费给予支持	最多申报 3 个认证项目，每个项目不超过 5 万元	省商务厅财政厅	苏财规〔2011〕46 号
苏州市商务发展专项资金	离岸服务外包收入奖励	向境外最终客户提供服务外包业务，并获得服务贸易项下外汇收入或跨境结算人民币收入	离岸外包收入每 1 美元奖励 0.2 元人民币	市商务局财政局	苏府〔2009〕40 号
	设立服务外包企业补贴	世界 500 强、全球服务外包发包 100 强企业在苏设立服务外包企业	每设立 1 家给予人民币 10 万～30 万元的资助	市商务局财政局	
	技术先进型服务企业认定	①离岸服务外包业务收入不低于当年总收入的 50%；②大专以上学历员工占比 50%以上		市科技局	认定管理办法
技术先进型服务企业认定及优惠政策	税收优惠	经认定的技术先进型服务企业	减按 15%的税率征收企业所得税 职工教育经费不超过薪金总额 8%的部分，准予在计算应纳税所得额扣除	园区税务	财税〔2010〕65 号
	特殊工时制度	经认定的技术先进型服务企业	允许实行不定时工作制和综合计算工时工作制	省劳动和社会保障厅	国办函〔2010〕69 号

续表

奖励/扶持类别	项目类别	申报基本条件	奖励/扶持内容	认定部门	政策文件
示范城市离岸服务外包业务免征营业税	离岸收入免营业税	向境外最终客户提供服务外包业务,并获得服务贸易项下外汇汇收入或跨境结算人民币收入	2010年7月1日之后发生的离岸收入营业税予以免征	园区经发局 园区地税	财税〔2010〕64号
苏州工业园区服务外包政策	国际资质认证补贴	①全年服务外包收入达100万美元以上;②服务外包收入占总收入50%以上;③大专以上学历员工占50%以上;④获得CMM/CMMI、PCMM、ISO27001、CMA、GLP、GCP、GMP、ISO20000等国际认证或认证升级	给予部分认证费用补贴,最高不超过50万元,且与国家资金补助不重复		苏园管〔2010〕18号
	高管个税奖励	①全年服务外包收入达100万美元以上;②服务外包收入占总收入50%以上;③大专以上学历员工占50%以上;④年收入超过12万元(含)的技术和管理骨干	按其缴纳的个人所得税地方财力部分50%进行奖励	园区经发局 财政局	
	国际市场开拓补助	参加政府指定的国际招商推介会和专业展会;举办大型推广活动,须事先在经发局备案;发生国际通信专线费用	每个标准展位补助1万元;国际通信专线费三年内给予30%补贴,每年不超过30万元;其余另行通知		
苏州工业园区服务外包人才政策	紧缺及高技能人才培训补贴	符合政府补贴紧缺及高技能人才培训项目	培训总额的20%~50%给予补贴,每人每年不超过5000元	园区培训管理中心	苏园工〔2008〕4号
	高技能人才认证补贴	批准立项的政府补贴人才培训项目,经公开招标,并获得认证	不超过认证费的50%给予补贴,每人每年不超过2000元	园区培训管理中心	加强高技能领军人才队伍建设工程实施意见

续表

奖励/扶持类别	项目类别	申报基本条件	奖励/扶持内容	认定部门	政策文件
苏州工业园区服务外包人才政策	高层次紧缺人才薪酬补贴	经认定的现代服务业企业中，具有本科以上学历的高层次人才	博士补贴3000元/月；硕士补贴2000元/月；具有本科学历的主要管理和技术人才补贴1000元/月	园区组织人事局、经发局	苏园工〔2006〕136号
	高端服务业领军人才	经认定的物流、服务外包等高端服务业企业领军人才	给予30万~100万元的补贴，分三年兑现	园区经发局	苏园工〔2010〕107号

资料来源：苏州工业园区服务外包公共支撑平台，http://www.sipoutsourcing.com/cms/html/cn/chan_183/fagui/2012-08-09/NoPrefix000009541.html.

长三角地区服务外包产业发展格局

5 长三角地区服务外包产业发展格局

本章重点考察不同时期长三角地区服务外包产业的空间分布特征与演变过程，并比较不同城市、不同类型产业的空间集散和演化特征。

研究区域为长三角地区16城市，包括上海、南京、苏州、无锡、常州、镇江、扬州、泰州、南通、杭州、宁波、嘉兴、湖州、绍兴、舟山、台州。研究数据主要包括两部分：一是各地市公布的服务外包发展报告及部分外包统计数据，这部分数据主要来自中国外包网以及各地市政府网站；二是搜集整理的服务外包企业数据，主要根据前文列出的具体的服务外包业务范畴，依托官方公布的重点服务外包企业名单、企业工商注册数据、经济普查数据，以及相关网络的企业资料进行整理，具体包括企业属地、成立时间、外包业务、等级规模等内容。此外，还有实地调研访谈获得的资料。根据整理的企业地址信息，参照2011年长三角地区16城市电子地图进行逐一人工匹配，建立了长三角地区服务外包产业企业点位布局的空间数据库，剔除信息不完整的企业样本，本章共整理了2003家企业。依据企业提供的外包服务信息进行整理，本章将长三角地区的服务外包业务归结为以下八大类：软件服务外包、商务服务外包、IT服务外包、通信服务外包、电子商务服务外包、文化创意服务外包、物流服务外包和医药服务外包。

5.1 研究方法

以往关于服务外包的研究大多基于行业层面的宏观数据展开，由于服务外包是近年兴起的新的经济现象，我国针对服务外包产业进行独立统计核算较晚，具体产值数据的可得性及连续性较差，可以直接获得的行业统计数据不多。因此，以往研究人员一般采用相关数据替代的方法进行我国服务外包行业的研究，这其中必然存在一定瑕疵。此外，宏观和行业数据可能会掩盖一些重要的企业个体特征。因此，本章从行业和企业两个层面出发：一方面，通过整理政府发布的宏观和服务外包行业产值数据，分析长三角地区及各地市的外包发展情况，重点分析长三角地区服务外包产业总体格局；另一方面，通过对长三角地区服务外包企业进行统计和调研，采用企业层面的数据进行分析计算，对长三角地区服务外包产业发展历程及格局演变进行验证分析。两者结合，得到相对客观的服务外包产业演化过程以及空间分布特征的分析结果。具体采用了以下研究方法：

5.1.1 区位熵

所谓区位熵，通常也称其为专门化率，其在区位分析中的应用是由P. Haggett 提出来的，主要通过衡量区域要素的空间分布情况，反映区域产业部门的专业化水平（张佑印等，2012）。区位熵主要用来表达区域经济部门与外部区域之间的输入输出关系，当区位熵小于或等于1时，表明某行业所占比重低于全国平均比重，需要从市外输入产品或服务，属于非基本经济活动；而当区位熵大于1时，则表示该行业可以为外地提供消费或服务，属于基本经济活动。其计算公式如下：

$$R_{ij} = (e_{ij}/E_i)/(e_j/E) \tag{5-1}$$

式中，R_{ij}表示 j 区域 i 产业的区域熵，e_{ij}表示 j 区域 i 产业的产值，e_j代表 j 区域所有产业的总产值，E_i代表整个国家 i 产业的产值，E 表示全国总产值。R_{ij}的值越大，就说明其专门化率越大（杨向阳和童馨乐，2009）。若$R_{ij}>1.5$，说明在当地，该产业有一定优势。然而也应注意到，该指标具有一定相对性，对于实际的专业化程度并不能进行很好的反映。若区位熵大于1，就反映出该部门的规模可能不是很大，故而其产品所占的比率就比较小；还有的情况是，某些区域的整体实力不强，使某些产业部门表现得看上去高，但是其总规模未必很大。因此，在用这个指标对专业化程度进行分析时，应该以其他指标进行辅佐，才能达到较好的效果。

5.1.2 空间基尼系数

采用洛伦兹曲线和空间基尼系数测度不同行业服务外包产业的空间分布均衡性。空间洛伦兹曲线通常表现为一条向下凹的曲线，下凹程度越大说明产业分布越不均衡。利用不同类型服务外包产业在不同地市的分布情况做出各类行业的空间洛伦兹曲线，并通过计算两曲线所围成的面积比值来反映企业的集中程度。据此分别统计出长三角地区16城市服务外包各行业企业的分布密度，根据密度从高到低进行相应的排序，纵轴是各单元面积百分比的累加，横轴是相对应城市的企业数量百分比的累加，以此方法得到各行业的空间洛伦兹曲线。基尼系数衡量均衡程度的一般标准为：基尼系数在0.2以下表示高度平均；0.2~0.3表示相对平均；0.3~0.4表示较为合理；0.4~0.5表示差距偏大；0.5以上为差距悬殊。将某一指标数值从小到大排列后其计算公式为：

$$G_j = 1 - \frac{1}{NW_N}\left(2\sum_{i=1}^{N} W_{ji} - W_N\right) \quad (i = 1, 2, 3, \cdots, N) \quad (5-2)$$

式中，N为研究单元个数；W_{ji}为第j个指标i地区的数值；W_N为第j个指标N个研究单元的累计值（王聪等，2013）。

5.1.3 空间分析法

由于城市尺度的企业可看作连续空间上的一系列点，因此本章采用空间点模式分析法衡量企业的空间集聚特征。主要依托企业点位数据从企业成立时间、数量规模、外包内容等方面进行研究，具体运用ArcGIS软件进行产业空间集散分析。核心密度估计法（Kernel Estimation）是通过考察规则区域中的点密度的空间变化来研究点的分布特征。区域内任意一个位置都有一个事件密度，空间模式在点s上的密度强度通过测量单位面积上的事件数量来估计（王远飞和何洪林，2007）。本章采用四次多项式函数：

$$\hat{\lambda}_h(s) = \sum_{i=1}^{n} \frac{3}{\pi h^4}\left(1 - \frac{(s-s_i)^2}{h^2}\right)^2 \quad (5-3)$$

式中，s 为待估计点的位置，s_i 为落在以 s 为圆心、h 为半径的圆形范围内的第 i 个企业的位置，h 代表步长，即以 p 为源点的曲面在空间上延展的宽带。

5.1.4 访谈与问卷调查

为获取对长三角地区服务外包产业空间格局更加直观的认识，本章选取各地典型企业进行了访谈和问卷调查。参与调查的企业包括为 IBM、中兴通讯等多家 500 强企业提供多项外包服务的南京绛门通讯、"国家规划布局内重点软件企业"同时也是江苏省内最大的独立软件服务提供商的南京联迪恒星、无锡软件园（iPark）内为微软产品提供多项外包业务的无锡 NTT 数据、无锡锡山经济开发区信息服务创意产业园（V-Park）内的指网生物识别科技、苏州工业园区内的俊盟科技、苏州阳澄湖数字文化创意产业园的巨细科技等一批专业服务外包供应商。

5.2 总体格局特征

5.2.1 长三角服务外包产业规模

从各项指标看，服务外包示范城市均表现突出。根据《国务院办公厅关于促进服务外包产业发展问题的复函》《国务院办公厅秘书局关于落实促进服务外包产业发展政策措施工作分工的函》等相关文件，为促进各地加快发展服务外包产业，商务部会同有关部委共同认定北京、天津、上海、重庆等 21 个城市为"中国服务外包示范城市"（以下简称"示范城市"）。对于经认定的"示范城市"，国家有关部委在宏观政策、产业规划、财政资金、招商引资、人才培养等方面给予支持。其中，长三角地区上海、南京、杭州、苏州、无锡 5 个被认定的示范城市均表现突出，已形成了沿"宁—沪—杭—甬"一线的服务外包产业带的发展格局。从具体指标看，苏州市企业数量最多，上海市合同金额最高，杭州市从业人数最多，其中综合表现以上海最为突出。

（1）上海：上海是全国 21 个服务外包示范城市中发展最早、层次最高的城市之一，2013年上海市服务外包合同金额66.18亿美元，同比增长27.32%，离岸执行金额43.79亿美元，同比增长20.73%；五个服务外包示范区（浦东新区、长宁区、闸北区、黄浦区和漕河泾新兴技术开发区）的服务外包执行金额占全市比重达到80.4%。截至2013年底，全市共有服务外包企业1378家，比上年新增132家。目前上海服务外包产业的发展重点为：主动承接跨国公司内部的离岸外包业务，大力吸引既承接全球业务又可向我国发包的跨国公司地区总部和研发中心。

（2）南京：2013年，南京共签订服务外包合同100.6亿美元，同比增长40.9%。其中，离岸外包合同额39.1亿美元，同比增长32.8%；服务外包执行额86.6亿美元，同比增长35.9%。全市"服务外包业务管理和统计系统"登记业务的服务外包企业共计640家，较上年新增36家。全市共签订服务外包合同15385笔，同比增长29.8%。在服务的客户中，全市承接的福特汽车、英特尔、微软、富士通、三星、阿尔卡特朗讯等45家世界500强及中国百强企业的发包业务突破30亿美元，占全市业务总额的四成左右。目前，南京已经形成了"5+2"的产业集聚发展格局，拥有鼓楼、雨花、玄武、江宁开发区、高新区5家国家级服务外包示范区以及秦淮区、建邺区2家省级服务外包示范区。集聚了一批质量较高、规模较大的外包企业，包括IBM、索迪斯、高力国际、萨蒂扬、东软、中软、文思、软通动力、博彦科技、药明康德等近20家全球外包100强和中国服务外包十大领军企业，以及中兴软创、江苏润和、诚迈科技、南京普天通信、擎天科技等8家中国100强成长型服务外包企业，接包业务类型涉及软件设计、编写、测试，软件分包，数据加工处理，后台服务，客户交易支持，办公室支持等。

（3）杭州：杭州市产业基础良好，2013年杭州市离岸服务外包合同执行额35.64亿美元，同比增长20.1%。目前，杭州市已进入商务部服务外包业务管理系统备案的服务外包企业近800家，从业人员达22万人。杭州市服务外包重点企业建设成效显著。2011年，杭州市离岸服务外包合同执行额在1000万美元以上企业共24家，占全市离岸执行总额的比例约为77%。浙大网新科技股份有限公司入选"2011年中国服务外包领军企业"，位列全国第三；恒生电子股份有限公司等9家企业入选"2011年中国服务外包百家成长型企业"。2011年杭州市通信网络研发服务外包离岸执行额为5.5亿美元，金融服务外包离岸执行额为2.6亿美元，通信网络研发及金融服务业已成为杭州市服务外包的主要业务种类。杭州市承接的离岸业务的70%来自欧美和日本，欧、美、日成为杭州服务外包业务的主要市场。杭州高新技术产业开发区和杭州经济技术开发区是杭州服务外包产业的主要基地。当前，两大国家级示范园区内服务外包企业数量达580家，从业人员规模达11.5万余人，离岸服务外包业务量占全市比例近70%。

（4）苏州：作为国家级信息产业基地，雄厚的电子信息产业实力为苏州服务外包产业腾飞奠定了坚实基础。2013年苏州市对外贸易保持增长，完成进出口总额3093亿美元，实现服务外包接包合同额85.8亿美元、离岸执行额46.1亿美元，分别增长53.2%和51.1%，被列为国家跨境贸易电子商务服务试点。目前已形成软件开发、设计研发、金融后台服务、动漫创意、生物医药研发以及物流与供应链管理六大服务外包支柱产业，与83个国家（地区）有服务外包业务往来，其中来自美国的合同数量最多，其次是日本。形成了"1+2+8"的服务外包载体发展框架（1个国家级示范基地、2个省级示范城市和8个省级示范区），苏州服务外包企业中近一半是外资企业，很多跨国公司选择将共享服务中心落户苏州，这些共享中心大多承接集团内的研发设计等高端业务。政策方面，苏州拥有包括技术先进型服务企业试点政策在内的众多政策先试先行的成功经验，苏州工业园区本身就是中新合作创新的成功典范。

（5）无锡：作为我国民族工商业和乡镇企业的发祥地，无锡是国内工业化发展最早的城市之一。自太湖水危机爆发以来，无锡市加快产业转型和结构升级，大力发展以服务外包为主的高端服务业。2009年无锡市各类特色园区达50个，园区实现业务总收入2000亿元人民币，占无锡市当年国民收入的40%，园区收入增长率为20%，几乎是无锡市GDP增长率（11.6%）的两倍，形成了无锡特有的"Park"经济。2013年，无锡市服务外包产业接包合同总额86.3亿美元，比上年增长35%，执行金额69.5亿美元，比上年增长35.7%；离岸合同总额57亿美元，比上年增长36.0%，离岸执行金额

45.8亿美元，比上年增长36.7%。离岸外包业务全省第一。无锡服务外包企业近千家，服务外包从业人员10万余人，获得各类国际资质认证企业118家，服务外包业务拓展到美国、日本、欧洲等80多个国家和地区。

5.2.2 长三角服务外包企业类型

长三角服务外包企业以本地的民营和私营企业为主。虽然苏南多，例如苏州、昆山的产业发展以外资导向为主（Wei, 2002, 2010），然而从本章调研问卷的分析结果（见表5-1）来看，75%的企业属于民营控股企业，中外合资以及外商独资企业仅占20%；从成立时间看，2000年前成立的企业约占15%，表明长三角地区在2000年之前就有发展服务外包的良好基础，同时，大部分企业属于2000年后兴起，2006年之后成立的企业约占本次调研的35%；从子公司和分公司的部署情况看，55%属于独立经营的企业，其中还包含了部分企业的地区总部；从企业投资方的分布看，主体以个人和企业投资为主，占80%，同时海外归国人员创业发展服务外包的情况也有出现；另外，从职工规模和接包规模看，大小企业均有涉及，但是以中等企业为主，年承接外包规模超过1000万美元以上的约占1/5，75%的企业职工规模不超过500人。

表5-1 调研企业基本概况

成立年份	2000年前 3（15.00）	2000~2005年 10（50.00）	2006年以后 7（35.00）	
企业类型	国有控股 1（5.00）	民营控股 15（75.00）	外资控股 1（5.00）	外商独资 3（15.00）
分/子公司	是 9（45.00）	否 11（55.00）		
投资方	个人投资 8（40.00）	海外归国创业 2（10.00）	企业投资 8（40.00）	其他 2（10.00）
职工人数	1000人以上 3（15.00）	500~1000人 2（10.00）	100~500人 8（40.00）	100人以下 7（35.00）
年外包额	>1000万美元 4（21.05）	100万~500万美元 8（42.11）	50万~100万美元 1（5.26）	<50万美元 6（31.58）	缺省 1（—）

注：括号中为百分比。

5.2.3 长三角服务外包市场结构

从调研企业目前的市场情况看，80%的受访企业提供离岸服务，提供在岸服务的企业比例更高，达到95%。从更加细分的区域看，如表5-2所示，离岸业务中，承接美国、日本的业务最多，35%的企业都有对美或者对日的业务往来；其次为欧洲和中国港澳台地区，占比达到20%；此外，部分企业与加拿大也有业务往来。在岸业务中，在华东地区开展业务的企业最多，占比高达66.67%，调研中许多企业在华东区尤其是长三角地区的订单已占到公司全部业务的60%~70%；其次在华北地区开展业务的企业占比次之，约为1/3；此外，华南地区和华中地区也是不少受访企业开展业务的重要区域。从调研企业与发包商的合作关系看，如图5-1所示，80%的企业与合作方属于紧密合作关系，选择战略合作关系的企业仅占10%，表明长三角地区服务外包市场的层次还有一定的上升空间，发包商与接包商双方还可以进行更加紧密的企业战略层面的合作。

表5-2 调研企业中提供外包服务的地域构成

业务类型		离岸业务	16（80.00）	在岸业务	19（95.00）
细分区域		美国	7（35.00）	华北地区	5（33.33）
		加拿大	1（5.00）	华东地区	10（66.67）
		日本	7（35.00）	华南地区	4（26.67）
		欧洲	4（20.00）	华中地区	2（13.33）
		中国港澳台地区	4（20.00）		

基本上所有的访谈参与者都认为服务外包产业是一个前景光明的行业，50%的访谈者认为该行业前景"较好"，另外50%的访谈者更是选择了"非常好"的选项，表明业内对外包行业的积极发展具有较强的信心。但是谈到将来的市场定位，受访企业也给出了不同的答案。根据图5-2统计的调研结果，50%的企业选择将未来五年的市场重心放在国内，选择以国际市场为主的企业仅占15%，另外，还有35%的企业选择坚持国内和国际市场并重。服务外包产业最初的兴起源于承接国际服务产业的转移，然而，经过近几年的

5 长三角地区服务外包产业发展格局

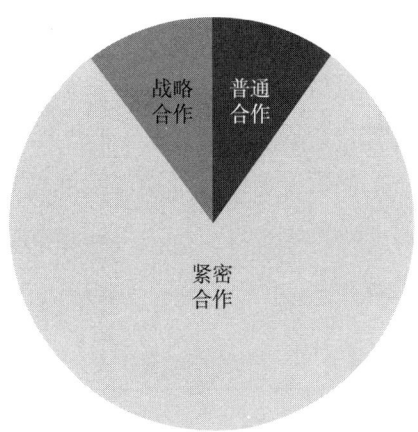

图 5-1 调研企业与发包方合作关系

发展，国内市场逐渐兴起，随着传统产业向信息化、网络化、专业化转型，催生了国内服务外包业务的巨大市场，因而企业的市场定位也随之转变。

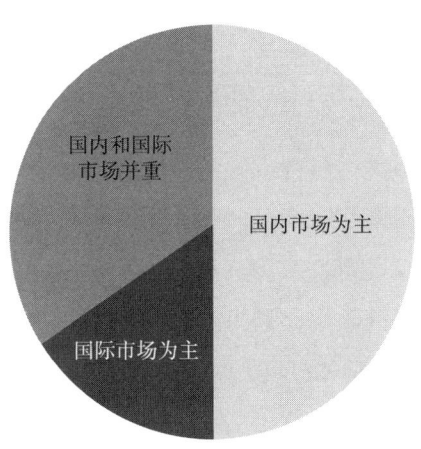

图 5-2 调研企业未来五年市场定位情况

5.2.4　长三角服务外包服务内容

以制造业及软件通信类服务外包企业为主。根据调研企业接包行业的具体统计情况（见表5-3），可以发现，制造业及软件通信类企业是长三角地区最具外包需求的行业，为这两类行业提供服务的企业在调研企业占比中均超过了50%，其中制造业的占比最高，达到55%，这也从侧面反映出了长三角地区的传统制造业正在转型，故衍生出大量专业化的外包需求。此外，金融行业、电信行业也是外包需求较强的行业，占比分别达到35%和25%。值得注意的是，除了传统的制造、通信、金融等行业转型发展的外包需求外，政府信息化衍生出的外包需求也是目前长三角外包市场中的重要一块，25%的调研企业专门提供该项服务。

表5-3 调研企业接包行业分布

行业	频次	百分比（%）
电信	5	25
政府	5	25
金融	7	35
制造业	11	55
软件通信	10	50
动漫影视	1	5
创意设计	3	15

以较低端的信息技术外包为主导。根据服务外包业务范围，将企业业务情况进行分类统计，结果发现：目前长三角地区服务外包的内容结构，仍以信息技术外包即ITO为主导，较为高端的BPO和KPO尚在发展中，2010年企业ITO、BPO、KPO的结构比例为0.62∶0.3∶0.08。图5-3显示了长三角地区16城市ITO、BPO、KPO的比例，可以发现，大部分地区的服务外包以ITO为主，上海、南京、杭州等11个城市的ITO占比超过50%；仅有泰州、台州、舟山等地的ITO比例较低，这一现象比较容易解释。作为省级国际服务外包示范区，泰州医药高新区是泰州发展服务外包的重要载体。目前，医药高新区在医药研发、生产试制、临床、新药落地申报等各个环节承接国际服务外包业务，先后引进了药明康德、万全药业、新生源等一批国内知名专业CRO服务企业，主要发展专业外包服务业务生物芯片、蛋白质治疗中心项目、基因检测平台等项目。虽然泰州服务外包的总体体量不大，但是外包内容以医药研发外包CRO、医药生产流程外包为主，与其他城市相比

具有鲜明的产业特色和竞争力。而台州和舟山等地的结构失常则是本地外包起步较晚、发展较慢、企业样本不足导致的。

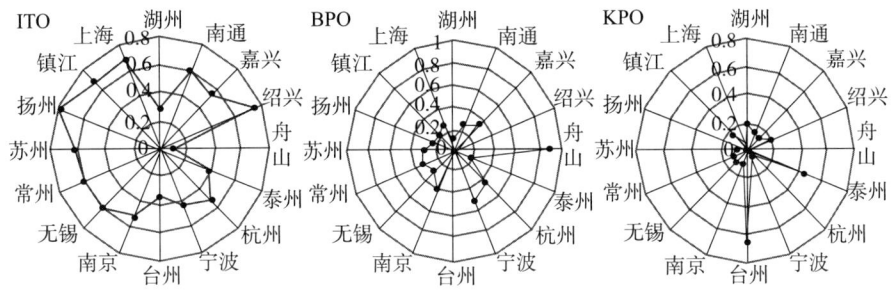

图5-3　2010年长三角地区服务外包结构比例

从调研企业具体的服务内容看，由于一家企业可能同时交叉从事ITO、BPO、KPO多项业务，因此在整理访谈及调查问卷的结果时，笔者决定按照具体业务内容的比例统计，进而进行对比分析。结果发现，提供ITO服务的企业占比最高，根据其细分的ITO业务的比例构成（见图5-4），85%的调研企业都提供特定软件开发的服务，60%和65%的企业为发包方提供产品支持和软件测试的服务，此外，IT培训、应用实施、近几年十分流行的云计算等服务在调研企业中的比例均达到了1/3以上。相比提供ITO服务的企业比例，提供BPO和KPO服务的企业占比相对较低，如图5-5、图5-6所示，BPO服务中占比最高的物流服务业务仅占20%左右，KPO服务中占比最高的业务是企业咨询管理，仅占10%，其他人力资源管理、客户服务等业务流程服务以及生物医药、游戏设计等知识流程服务虽然调研样本少、占比低，但是相关企业负责人大都通过深度访谈的方式进行了意见反馈，这些内容在后文分析相关服务外包产业区位选择要素、空间分布机理等方面时起到了重要的参考作用。

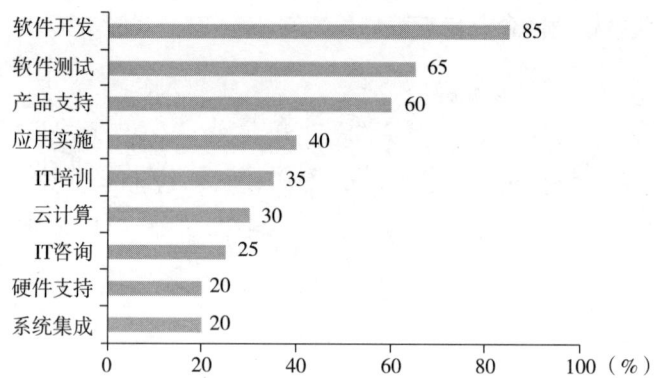

图 5-4 调研企业中提供 ITO 服务的具体业务组成

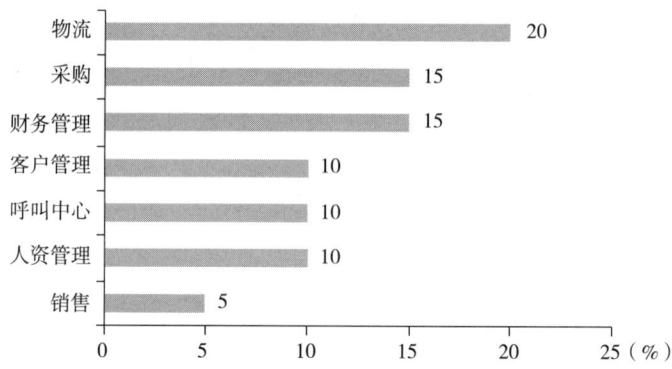

图 5-5 调研企业中提供 BPO 服务的具体业务组成

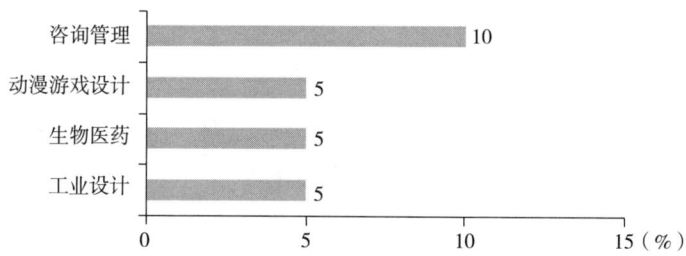

图 5-6 调研企业中提供 KPO 服务的具体业务组成

5.3 不同类型产业集聚特征

5.3.1 空间基尼系数结果

从不同行业服务外包空间洛伦兹曲线（见图5-7）以及空间基尼系数（见表5-4）的计算结果可以看出，长三角地区服务外包产业存在高度空间集聚现象，各行业空间基尼系数均高于0.5。其中，长三角地区发展最早、成熟度最高的IT服务外包产业的空间集聚程度最高，其次为商务服务外包、医药服务外包、物流服务外包和通信服务外包，电子商务服务外包与文化创意服务外包的空间基尼系数虽然相对其他行业较低，但也存在着空间分布高度集中的状况。

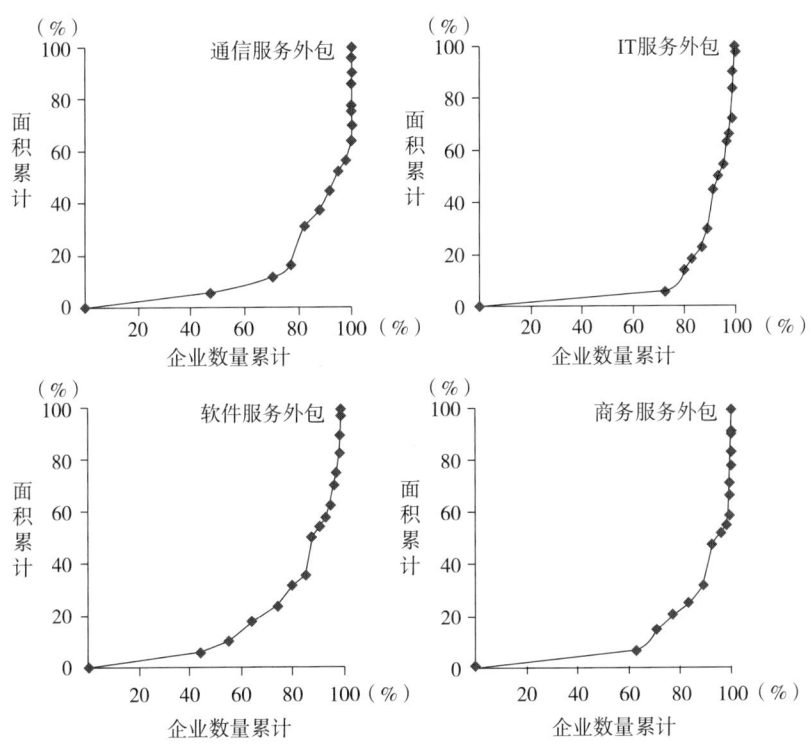

图5-7 长三角地区不同行业服务外包空间洛伦兹曲线

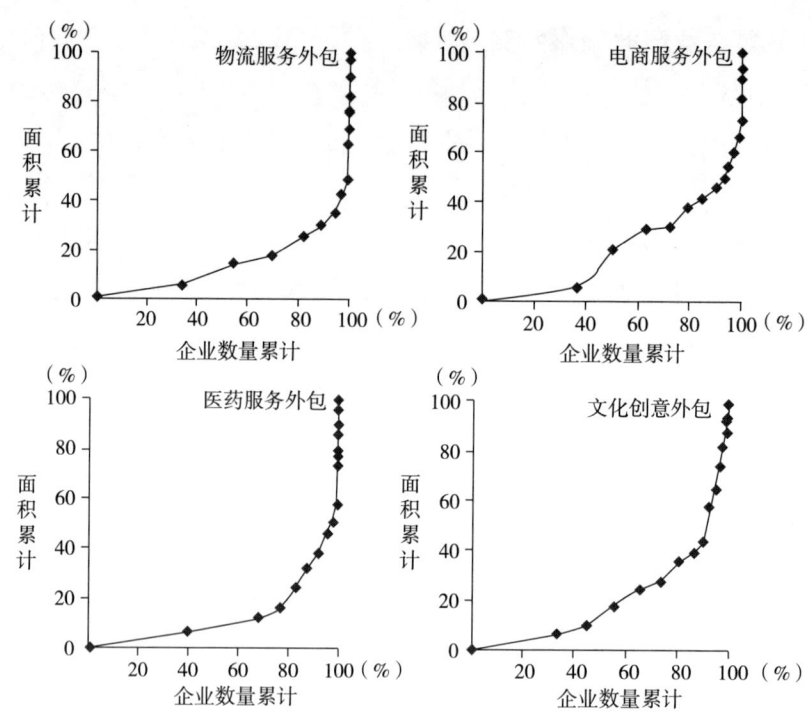

图 5-7　长三角地区不同行业服务外包空间洛伦兹曲线（续）

表 5-4　长三角地区不同行业服务外包空间基尼系数

行业	IT	通信	软件	商务	物流	电子商务	医药	文化创意
基尼系数	0.79	0.71	0.66	0.76	0.72	0.58	0.75	0.60

5.3.2　核密度估计结果

核密度估计法的计算结果揭示了不同类型服务外包产业的空间集聚特征。从计算结果可以发现，各类服务外包产业仍主要集聚于上海、南京、杭州、苏州、无锡五个被认定的示范城市。但具体来看，不同产业呈现出不同的布局特征，本章依其布局特征总结为以下三种类型：示范型、均衡型、特色型。示范型即以服务外包示范城市为主导重点发展的产业，主要包括软件服务外包、商务服务外包和 IT 服务外包。这三类产业均是以上海的企业集聚程度最高，其次则主要集聚在其他示范城市南京、苏州、无锡、杭州。值得一提的是，宁波虽然未被评为示范城市，但产业发展态势良好，目前企业集聚已达到相当规模。

均衡型是指企业分布较为平均的产业，主要包括通信服务外包和文化创意服务外包。除了在示范城市集聚外，通信服务外包还在宁波、泰州、南通、嘉兴等非示范城市形成了一定集聚规模，动漫游戏外包、设计外包等文化创意产业也在常州、嘉兴、宁波等城市迅速发展。这几类产业目前形成均衡型空间分布，一是由于长三角各城市均在积极发展，例如通信服务外包产业；二是在于此类新兴的服务外包领域发展还不成熟，尚在培育之中，例如文化创意服务外包。

特色型则是由于一些特殊原因在某些城市快速集聚的特色产业，例如在淘宝、阿里巴巴的引领下，杭州的电子商务服务外包独树一帜；国内首家国家级医药高新区落户泰州，带动了泰州市乃至整个长三角北部地区医药服务外包产业的发展；依托于得天独厚的港口条件，宁波、上海的物流服务外包发展迅速，尤其是宁波，已经成为物流外包企业集聚程度最高的地区。

5.4 产业演变特征

本部分重点分析 2000 年以来，长三角地区服务外包产业的演变特征，主要从以下几方面展开。

5.4.1 产业总体集中程度演变

从长三角地区服务外包产业的差异情况看，根据各城市区位熵的计算结果（见图 5-8），示范城市与非示范城市的区位熵结果差异明显，五个示范城市的区位熵遥遥领先于其他城市，均在 2 左右，表明服务外包产业在当地具有明显的比较优势，属于基本经济部门，对外输出的能力较强。同时，除五个示范城市外，镇江和宁波的区位熵计算结果也高于 1，表明其服务外包产业也具有一定的专业化优势。然而，湖州、常州、南通、扬州等其他九个城市的区位熵均低于1，表明其服务外包发展水平还有待进一步提高。从2010～2013年的变化趋势看，长三角地区示范城市呈现出下降态势，非示范城市以小幅上升为主，其中南京、无锡、杭州等城市的区位熵值下降幅度相对较大，表明长三角地区服务外包产业区位熵处于均衡化发展的过程中。

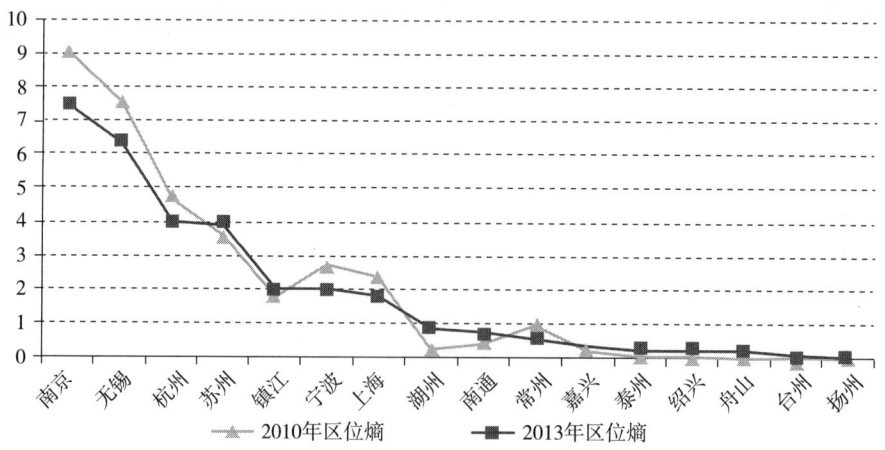

图5-8　2010年、2013年长三角地区服务外包区位熵计算结果

5.4.2　企业空间分布格局演变

按照外包企业成立的时间，以2000年和2005年为界，计算了三个时间段内长三角服务外包企业的核密度值。根据统计，2000年前，长三角地区已经有企业开始进行服务外包的业务，当时此类企业主要集聚在上海；2001～2005年，从事外包的企业不断增多，除上海外，南京、苏州、杭州、宁波开始成为新的企业集聚中心；2006～2012年，国家及地方政府相继出台各项政策支持服务外包产业的发展，尤其是上海、南京等示范城市的发展，此外，宁波、泰州、嘉兴等非示范城市的外包产业发展迅速，正在成为新的企业集聚中心。总体看来，长三角地区服务外包产业的集聚中心以上海、南京、杭州等五个被认定的示范城市为主，同时不断向非示范

城市扩展。

5.4.3 产业结构比例演变

5.4.3.1 总体结构比例变化

笔者根据企业资料，整理了十年来长三角地区不同类型服务外包产业结构比例的变动情况。如图5-9所示，目前长三角地区服务外包仍以IT服务外包、软件服务外包为主，两者比例超过全部业务的一半。其他产业虽然目前占比不高，但从发展趋势看，规模在逐步扩大。2006年后，长三角地区IT服务外包、软件服务外包的比例均有较大幅度下降，而电子商务服务外包、文化创意服务外包、商务服务外包等新兴领域的占比则不断提升。

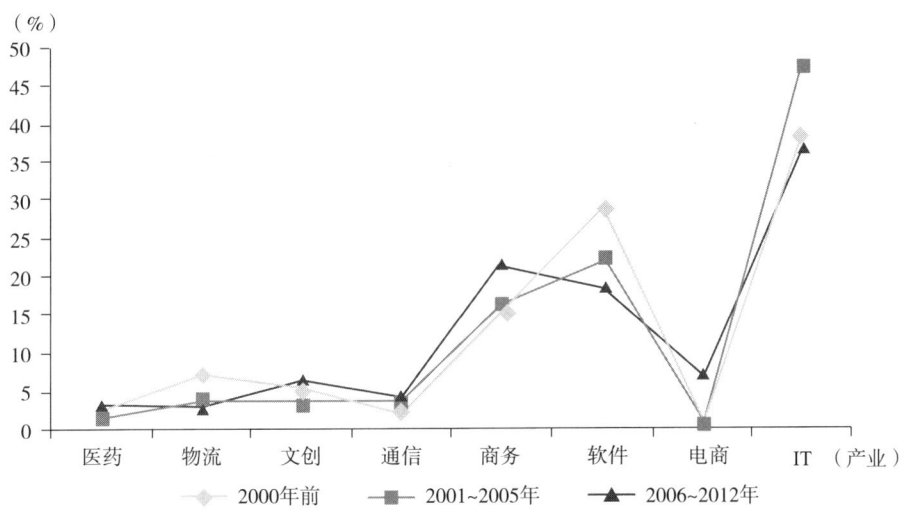

图5-9　长三角地区不同类型服务外包产业比例演变

此外，根据国家相关政策规定，笔者将提供ITO、BPO、KPO的企业比例进行了统计（见表5-5）。结果发现，2005年以前，长三角地区服务外包以ITO为主，占比高达60%以上，而KPO的比例较低；2006年之后，ITO的比例下降了14个百分点，而BPO和KPO的比例则显著上升，占比接近50%。这表明长三角地区服务外包的技术含量和水平不断提升，产业结构正逐步向中高端方向发展。

表 5-5　长三角地区 ITO、BPO、KPO 总体结构比例演变　　　　单位:%

	ITO	BPO	KPO
2000 年前	66.86	26	7.14
2001~2005 年	68.16	26.21	5.63
2006~2012 年	54.79	35.39	9.82

5.4.3.2　示范城市/非示范城市结构比例变化

从长三角地区不同城市外包内容结构的演变看（见表5-6），2000年前后，服务外包在示范城市刚刚起步，主要业务以 ITO 服务为主，占比高达70%。之后，随着外包技术水平的提升和外包范围的扩大，示范城市的 ITO 占比不断下降，从最初的 70% 下降到 2012 年的 56% 左右，十余年间，ITO 占比下降了近 15 个百分点。与此同时，BPO 和 KPO 的占比不断提升，其中 BPO 提升范围较大，增长了 10 个百分点，表明长三角地区示范城市的服务外包不断向高端知识密集型行业发展；从非示范城市的演变看，2000 年前，虽然 BPO 及 KPO 比例较高，但这是由于企业样本不足导致的，因为从总量看，非示范城市业务在长三角地区占比不足 20%（见图 5-10）。从近几年情况看，除泰州医药服务外包外，非示范城市的服务外包仍以 ITO 为主，主要为呼叫中心、数据中心、网络维护等知识水平较低的服务外包业务。综合来看，目前长三角服务外包产业已经初步形成了一定的地域分工。

表 5-6　长三角地区示范城市/非示范城市 ITO、BPO、KPO 结构比例演变

	2000 年前	2001~2005 年	2006~2012 年
示范城市	70.73:25.09:4.18	69.36:25.56:5.08	56.19:35.55:8.26
非示范城市	49.21:30.16:20.63	61.06:30.09:8.85	58.22:29.45:12.33

5 长三角地区服务外包产业发展格局

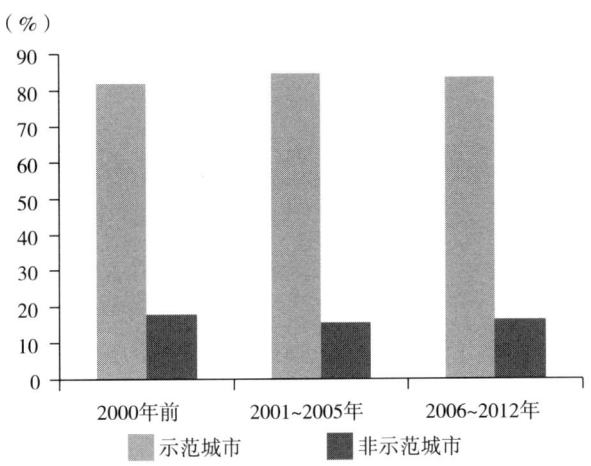

图5-10 长三角地区示范城市/非示范城市企业占比

5.5 小结

基于服务外包企业点位数据、统计数据及实地访谈数据，采用空间分析以及问卷调查的方法，探讨了长三角地区近年来服务外包产业的发展格局和演化历程。结果发现，总体看来，长三角地区服务外包产业已形成了以上海为龙头，沿"宁—沪—杭—甬"一线的服务外包产业带的发展格局。上海、南京、杭州、苏州及无锡五个被认定的示范城市的表现最为突出，引领了长三角地区服务外包产业的发展。此外，宁波、嘉兴、泰州等城市的服务外包产业的发展亦形成了一定规模，表现良好。目前，长三角地区服务外包的内容结构仍以ITO为主导，较为高端的BPO和KPO尚在发展中，2010年企业ITO、BPO、KPO的结构比例为0.62∶0.3∶0.08。虽然各类服务外包产业仍主要集聚于上海、苏州等示范城市，然而不同产业的布局特征并不一致。本章将其总结为示范型、均衡型和特色型三种类型。其中软件服务外包、商务服务外包和IT服务外包等具有一定发展基础的产业为示范型布局；通信服务外包和文化创意服务外包作为新的业务领域，各地均有培育，为均衡型布局；第三类特色型布局的产业，包括杭州的电子商务服务外包、泰州的医药服务外包、宁波及上海的物流服务外包等。从近年来长三角地区服务外包产业的演化过程看，2000年前，服务外包企业主要集聚在上海；2005年前后，随着各项扶持政策的出台，南京、苏州、杭州等示范城市开始成为集聚中心；如今，宁波、泰州、嘉兴等非示范城市的外包产业发展迅速，新的外包中心不断崛起。除了企业数量上的增加和外包领域的拓展外，长三角地区服务外包的技术含量和水平近年也不断提升。2005年以前，长三角地区ITO占比高达60%以上，而近年来，ITO比例显著下降，BPO和KPO的占比则不断上升，现已接近50%。这表明长三角地区服务外包产业结构正逐步向中高端方向发展。此外，本章认为，长三角地区服务外包已初步形成了一定地域分工，示范城市服务外包不断向高端知识密集型服务业发展，非示范城市目前仍以较低端的ITO为主导。

长三角地区服务外包产业空间分布机理

6 长三角地区服务外包产业空间分布机理

本章围绕长三角地区服务外包产业的空间分布机理展开,根据对政府主管部门、外包企业访谈调研及问卷调查的结果,对影响长三角地区服务外包产业空间分布的相关因素进行解释分析,并构建了计量模型进行定量验证,进而探讨区域尺度上服务外包产业区位选择和空间集聚的内在驱动机理。

6.1 驱动机制分析

关于影响服务外包产业空间分布的驱动机制,学界已从交易成本理论、规模经济理论、比较优势理论、核心竞争力理论等多个方面、多种角度展开了分析和讨论,包括从宏观经济环境角度和微观企业角度提出的驱动因子(卢群英,2011;刘小伟,2008;蒋红,2010),从产业、资源和环境角度提出的驱动因子(田秀华,2010)等。国家商务部为了评价我国服务外包示范城市的综合竞争力,构建了基于产业基础、要素成本、配套环境、人力资源和政府支持五大类指标涵盖 45 个具体指标的竞争力评价体系,虽然面面俱到,能较为全面地反映出每个城市服务外包产业的综合实力,然而在分析服务外包企业空间分布的驱动机制方面,未能有所侧重。在以上文献综述基础上,为了切实分析外包企业选址布局背后的影响因素和驱动机制,本章选择通过实地调研访谈进行更加细致的分析,以期获得更具说服力的发现。

6.1.1 政府视角下服务外包产业驱动机制分析

6.1.1.1 服务外包产业发展的关键因素

通过访谈发现,政府管理部门的外包专家认为,影响服务外包产业发展的关键因素多是围绕"人的因素"展开的,包括以下几个方面:一是产业人才的积累,包括地区高校的数量、相关专业毕业生的数量以及从业人员的素质等多个方面。以印度班加罗尔为例,其区位、交通环境并不突出,其他优势也并不明显,但由于软件人才多,再加上现代信息技术的发展,软件服务外包飞速发展。二是部门领导对服务外包产业的理解、认识和推动,这对产业发展最直接的影响就是关系到产业政策的制定。例如江苏宿迁,原来并没有外包基础,但是由于当前部门领导非常重视,出台了一系列政策,大大加快了宿迁市服务外包产业的发展。同时,政策的制定也是围绕人的需求展开的,因为服务外包企业的主要成本就是人力成本。目前企业每培训就业一个大学毕业生,政府就发放一定补贴,以降低企业成本。另外,对于发展较快的成长型企业、规模较大的上规模企业,政府都有不同的奖励措施。三是产业基础,主要与当地服务外包的特色有关。例如南京发展通信和软件产业的基础良好,因此相关服务外包产业发展很快。四是科技水平尤其是人才的科技水平非常重要。一般认为,服务外包里的 ITO 和 KPO 是科技型的,KPO 的科技含量更高,而 BPO 多是劳动密集型的,所以现在多鼓励发展 ITO 和 KPO。而苏北地区由于难以吸引高端产业人才,导致产业层次也比较低,产业结构以低端的 ITO 和 BPO 为主,因此产业层次还与人才层次有很大关系。

6.1.1.2 服务外包企业的空间分布

关于服务外包企业空间分布的特点,访谈发现,虽然当前服务外包类的企业主要集聚在大城市,但未来未必会一直如此。在产业发展的初期,大城市具有一定的人才集聚优势,因而产业发展较快。然而随着大城市各类城市病的出现(堵车、环境污染等)以及生活成本、商务成本的提高,很多企业会搬出大城市,例如上海很多企业选择搬迁到常熟落户。此外,由于服务外包类工作的性质与制造业不同,所以影响要素并不相同。随着互联网技术的发展,特别是 TMT 时代(Technology,Media,Telecom)的来临,服务外包很有可能不断向适宜人居的中小城市转移。

6.1.2 企业视角下服务外包产业驱动机制分析

6.1.2.1 承包商获得外包订单的关键优势分析

服务外包企业主要依靠什么优势赢得发包企业的关注,从而拿到订单?针对这个问题,调研企业反馈了相关结果,详见表6-1。首先,60%的调研企业认为,承包商的技术、专业素养是发包企业关注的首要因素,同样被认为是首要考虑因素的还包括接包企业的专业认证情况(占比25%)以及承包商的人力成本因素(占比15%)。例如,代表软件能力成熟度模型集成的CMM/CMMI等级认证、信息安全管理认证ISO27001/BS7799、IT服务标准化及质量保证体系认证ISO20000/ISO9001等,这些独立的第三方质量体系认证不仅是发包方有能力向客户提供品质合格、管理良好服务的重要保证,也是发包企业初期开拓市场、提高自身竞争能力的重要法宝;同时,人力成本也是双方共同关注的重要领域,发包企业起步初期大多凭借为客户节省成本这条思路开拓市场,而服务外包企业的核心成本就是人力成本,因此,不难理解人力成本成为发包企业关注承包商的第一要素。其次,发包企业关注承包商的第二重点因素里,40%的企业选择了人力成本与技术、专业素养,理由不再赘述;发包与接包双方的交流情况也对项目能否成功实施起到重要作用,选择这一因素的企业占11%;同时,还有企业选择了企业管理的因素,在与企业负责人交流的过程中了解到,虽然企业管理不与外包服务直接相关,但是企业管理水平可以反映出一个企业的综合水平,而发包商往往更愿意将订单交给企业综合管理水平更高的承接商完成。最后,35%的企业将双方交流情况以及企业的技术、专业素养作为发包企业考虑的第三要素,还有28%的企业选择了企业管理。综合看来,虽然不同调研企业对各个要素的排序不一,但是接包企业的专业素养、人力成本等关乎外包项目成败以及利润高低的因素成为发包商最关注的方面。

表 6-1 发包企业关注承包商的重点因素

关键要素	第一发包因素	第二发包因素*	第三发包因素*
1. 企业认证情况	5（25.00）	—	—
4. 双方交流情况	—	2（11.10）	5（35.70）
5. 技术、专业素养	12（60.00）	7（38.90）	5（35.70）
6. 人力成本	3（15.00）	8（44.40）	—
7. 企业管理	—	1（5.60）	4（28.60）

注：要素前数字为问卷中编号。*：由于数据缺省的原因，括号内为有效百分比。

而从承包商自身的角度出发，在调查企业考虑自身具有哪些优势可以吸引发包商的订单时，受访企业做了如表 6-2 所示的回答。与发包方关注的要素相对应，在调研企业认为自身第一接包优势中，45% 的企业认为是依靠自身专业素养和技术支撑吸引了客户，30% 的企业认为自身依靠较低的成本吸引发包商，还有部分企业认为自身的创新能力以及以往与发包商的业务往来是赢得外包订单的关键；第二和第三接包优势的选择较为分散，除了前述理由外，30% 的企业认为自身经验丰富可以吸引客户，15% 的企业认为其相关国际工作经验十分重要。

表 6-2 调研企业自身接包优势

关键要素	第一接包优势	第二接包优势	第三接包优势
1. 成本低	6（30.00）	1（5.00）	1（5.00）
2. 技术支撑，专业性强	9（45.00）	7（35.00）	1（5.00）
3. 经验丰富	—	6（30.00）	5（25.00）
4. 创新力强	2（10.00）	3（15.00）	2（10.00）
5. 与发包方有业务往来，战略合作	3（15.00）	2（10.00）	4（20.00）
6. 有国际工作经验	—	1（5.00）	3（15.00）

注：要素前数字为问卷中编号。

6.1.2.2 服务外包企业选址的关键要素

根据调研企业反馈的企业布局选址时考虑的主要因素的统计情况（见表6-3），当地市场是否有较大潜力成为绝大多数企业布局选址时考虑的第一要素，占比高达 40%；同时，企业第一考虑的主要因素还包括了当地服务外包产业的发展环境以及政府办事效率和制度环境,两者占比均达到20%;此外,当地跨国公司的数量、当地的劳动力成本、政府的相关优惠政策、当地的区域地理位置情况也是不少企业在选址时考虑的第一因素。在布局选址第二考虑的要素中,25%的企业选择了当地跨国公司的数量情况,其次为当地服务外包产业的发展环境和当地的地理位置情况,同时,本地市场潜力、政府制度环境、当地劳动力供给等情况也在考虑中。前两项的考虑因素中,有部分要素是重叠的,不过这也恰恰说明了其在企业选址考虑中的重要程度。当前,我国不少城市的服务外包产业都是依靠政府的优惠政策驱动的,然而根据企业反馈的调研结果,近一半的企业将政府政策及优惠措施仅排在企业布局考虑要素中的第三位,另外,当地产业发展环境也被40%的企业排在了第三位。最后,企业布局选址考虑的其他重要因素还包括了当地劳动力成本、当地科研机构合作情况、当地信息资源丰富程度等。总体来看,企业仍将决定企业生存发展的因素作为其考虑选址布局的第一要素,包括当地的市场环境、当地的产业发展环境以及当地政府的办事效率和制度环境。其他要素,类似政府优惠政策、区位环境等方面,虽然在企业发展初期有较强吸引力,但并非促进外包产业发展的长久之计。

表 6-3 企业布局选址考虑的主要因素

关键要素	第一选址因素	第二选址因素	第三选址因素 *	第四选址因素 *
1. 类似企业集中,产业环境好	4(20.00)	4(20.00)	4(40.00)	1(14.30)
2. 离发包方近,跨国公司多	1(5.00)	5(25.00)	1(10.00)	—
3. 本地市场潜力较大	8(40.00)	3(15.00)	—	—
5. 技术管理人才较多	—	2(10.00)	—	—
6. 劳动力成本较低	1(5.00)	—	—	1(14.30)
7. 与当地大学和科研机构合作	—	—	—	1(14.30)
8. 政府政策及优惠措施	1(5.00)	—	5(50.00)	—
9. 政府效率高,制度环境好	4(20.00)	2(10.00)	—	1(14.30)
10. 信息资源丰富	—	—	—	1(14.30)
11. 地理位置优越	1(5.00)	4(20.00)	—	2(28.60)

注:要素前数字为问卷中编号。*表示由于数据缺省的原因,括号内为有效百分比。

6.2 机理定量分析

在通过实地调研访谈分析区域尺度上服务外包产业空间分布的影响因素和驱动机制的基础上,本节进一步通过计量回归分析的方法定量判定不同类型服务外包行业的空间分布机理。

6.2.1 模型构建

由于调研访谈的企业样本数量偏少,因此本部分定量分析的数据主要依托第5章中提到的本书整理的2003家外包企业。因变量数据为长三角16城市中各城市的外包企业的数量,由于是离散的数据,因此本书选择计数回归模型来进行处理(Wooldridge,2012),该模型在经济地理学的研究中已经得到了较为广泛的运用(吕卫国和陈雯,2009;袁丰等,2010;Zhang et al.,2013)。一般而言,计数回归模型包括泊松回归模型、二项式模型、负二项式模型等。泊松回归模型的公式如下:

$$P(y_i) = \frac{e^{-\lambda_i}\lambda_i^{y_i}}{y_i!} \quad (6-1)$$

式中,y_i表示城市i中服务外包企业的数量(本书$i=16$);$P(y_i)$表示y_i的概率密度函数;λ_i是泊松参数,取决于一系列解释变量X_i:

$$\lambda_i = e^{\beta X_i} \quad (6-2)$$

式中,β是可估计系数的向量,其极大似然估计量$L(\beta)$的值可估计如下:

$$L(\beta) = \sum_{i=1}^{n}[y_i \ln\lambda_i - \lambda_i - \ln(y_i!)] \quad (6-3)$$

运用泊松模型需要检验因变量方差是否与条件方差相等,且等于y_i。假设第i个研究单元内观察到的企业数y_i服从参数λ_i的泊松分布:

$$(y_i - \hat{y}_i)^2 - y_i = \hat{\alpha} y_i^2 + \tau \quad (6-4)$$

式中,α为表征数据是否过度分散的参数;τ为残差。当$\alpha = 0$时,表明泊松模型合理；当 α > 0 时，表明该数据过度分散，负二项回归模型更适合。负二项回归模型将泊松模型的假设重新修正如下：

$$E(y_i) = \lambda_i \quad (6-5)$$

$$Var(y_i) = e^{\beta X_i} + \alpha^{2\beta X_i} \quad (6-6)$$

负二项回归模型是考虑到数据过度分散情况的泊松模型的有效延伸。该模型可通过标准的极大似然方法来估计。

6.2.2 要素选择

本书在第三章理论构建部分，从发展成本和收益两个角度分析了服务外包产业区位选择的影响因素。与之对应，本部分将根据前文构建的理论框架，结合实地调研和问卷分析，从人力资源、通信水平、科技水平等多个方面遴选影响服务外包产业区位选择的因素（见图6-1），并纳入回归模型进行分析，本章选取的具体解释变量详见表6-4。

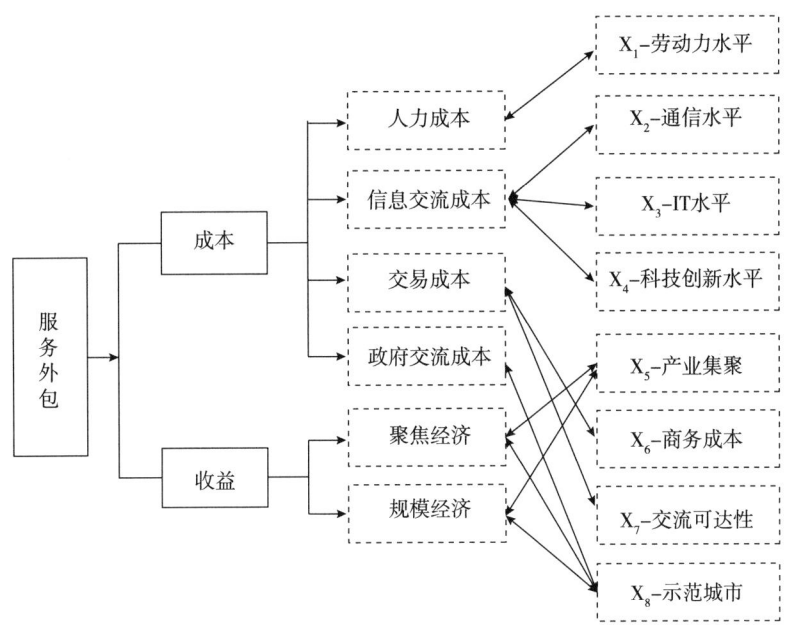

图6-1 服务外包产业空间分布影响因素选择

表6-4 长三角地区服务外包产业空间分布的影响因素及含义

编码	变量	含义
X_1	劳动力水平	大学毕业生数量
X_2	通信水平	邮电业务量
X_3	IT水平	互联网用户数量
X_4	科技创新水平	授权专利数量
X_5	产业集聚	省级以上外包专业园区的数量
X_6	商务成本	城市商业用地的价格
X_7	交流沟通可达性	城市的机场数量
X_8	示范城市	是否为示范城市

第一，人力资源因素是影响服务外包企业空间分布和发展的核心要素，包括劳动力成本、劳动力数量以及劳动力素质多个方面。发包方选择外包的最原始动力就是缩减成本（Noorbakhsh et al.，2001）。由于某些外包工作的特殊性，例如24小时售后服务、客户中心等，必须有充足的劳动力供给以满足其长时间的运营需要（Richardson and Marshall，1999）。服务外包尤其是KPO业务，具有知识密集、国际化、跨行业、高附加值等特点，这些决定了服务外包产业对人才素质的要求非常高（Read，2001）。由于服务外包企业本科以上学历员工占员工总数的比例较高（80%以上），因此本书选择大学毕业生的数量来表征人力资本变量，记作X_1。

第二，服务外包产业的兴起源于信息通信技术的革新和进步，基本所有的服务外包活动都要依托网络才能完成，必须要有强大的信息技术基础设施作为支撑。因此，本章选择了邮电业务量和互联网用户数量作为解释变量，记作X_2、X_3。由于不同知识和科技含量的外包活动对布局城市的要求不同，越是高端知识水平的KPO外包越需要城市具有更高水平的创新能力，因此本章选择了城市授予的专利数量来表征城市科技创新水平，记作X_4。

第三，良好的经济发展水平特别是第三产业的发展状况、稳定的经济发展环境，可以为高质量的服务提供强有力的保障。有学者认为接包区域的经济发展水平和服务外包产业的发展规模是服务外包发包方选择承接地的重要因素（Khan et al.，2011；陈菲，2005；谭力文和田毕飞，2006）。同时，较高的服务外包发展水平意味着可以共享资源、信息、技术等，使企业充分享受集聚经济的效应，实现成本节约和效益的提升（Antonietti and Cainelli, 2011）。调研中受访企业普遍表示更愿意在类似的外包企业集中的地区落地，因为这可以从侧面反映出本地的产业环境良好，同时也有利于企业享受空间集聚效应带来的优势，因此本章将省级以上外包专业园区的数量引入模型分析，记作 X_5。

第四，考虑到受访企业强调的产业环境要素以及成本要素对企业区位选择具有重要影响，McCann（2011）等在其研究中也强调了环境的重要性，本章选择了城市商业用地的价格来反映城市的商务成本水平，记作 X_6。访谈中企业提到发包与接包双方的交流情况，特别是双方面对面的密切交流，也是能否顺利展开外包活动的重要影响因素。由于发包与接包双方要经常就项目进行交流，因此基于商务旅行便利的需求，服务外包的发展对交通基础也具有一定要求。本章将城市的机场数量作为解释变量引入模型，记作 X_7。

第五，国家政策对一国产业的发展发挥着举足轻重的作用。通过加强限制以及待遇不同的壁垒或者投资激励，政府可以影响外国参与服务行业的程度和形式（Young et al., 1994）。同时，国内产业政策的颁布相当于对全国资源的再配置，对产业的发展影响很大（王旭东，2010）。例如，2000年国务院签发的《鼓励软件产业和集成电路产业发展的若干政策》国发〔2000〕18号，开启了中国软件产业和集成电路高速发展的"黄金时代"，得益于国家给予软件产业的优惠政策，全国范围内催生了一股建设软件园的浪潮，服务外包也得以在软件产业内大放其彩。此外，承接国的信息安全标准以及知识产权保护法律是否健全也已经成为服务外包发包方选择的重要标准。关于受访企业关心的政府政策问题、区域硬件环境的建设以及相关主管部门的服务等方面，本章统一将"是否为示范城市"作为虚拟变量引入模型进行分析，记作 X_8，其中，示范城市赋值为1，非示范城市赋值为0。

6.2.3 结果分析

首先对表6-4中的各个要素进行标准化处理，并在计算八个变量间的相关系数的基础上，通过 STATA12.0 软件采用泊松回归及负二项回归模型定量计算了长三角地区服务外包产业的区位决定因素。由于不同类型服务外包行业对各个要素的响应可能并不一致，因此本章还计算了不同类型行业的区位影响要素，共八个模型，回归计算的详细结果可以参见表6-5。

表6-5 长三角服务外包产业区位决定因素泊松回归及负二项回归模型计算结果

变量	模型Ⅰ	模型Ⅱ	模型Ⅲ	模型Ⅳ	模型Ⅴ	模型Ⅵ	模型Ⅶ	模型Ⅷ
常数	2.3522***	1.7646***	2.4310***	0.1005	0.5552	1.3131***	1.7639***	−0.2934
X_1	0.2456	0.5477***	0.1249*	0.7043**	0.7223	0.1539	0.5420	−0.3290
X_2	−0.4994*	−0.6302*	−0.1407*	−0.2984	−0.0803	−0.0699	−0.2303	0.4035
X_3	−0.2142	−1.1028**	−0.1512*	0.3481	−0.6016	−0.3239	−0.6611	−0.1895
X_4	0.5550**	1.1726***	0.5281***	0.2184	1.1280***	0.2454	1.0319***	1.0205**
X_5	0.4898*	0.7878**	1.0094***	0.0554	1.1301*	0.5896*	1.0911***	1.3170***
X_6	0.3943*	0.6754**	0.0397	−0.2610	−0.4491	0.2102	0.4963*	−0.5784
X_7	−0.0673	0.5236*	−0.1325*	−0.1199	−0.5549	0.0467	−0.0707	−0.5506*
X_8	0.5755	−0.3145	0.3799*	1.2199	−0.5366	0.2762	−2.5939	2.5666*
Obs.	16	16	16	16	16	16	16	16
Log likelihood	−50.6872	−37.7084	−45.7246	−23.7679	−21.9879	−32.8727	−39.8745	−33.0124
LR chi^2 (8)	33.69	39.78	53.55	131.32	33.52	27.22	104.51	55.75
Prob> chi^2	0.0000	0.0000	0.0000	0.0000	0.0000	0.0006	0.0000	0.0000
Pseudo R^2	0.2494	0.3453	0.3693	0.7342	0.4326	0.2928	0.5672	0.4578

注：模型Ⅰ到模型Ⅷ代表了不同类型外包行业：Ⅰ软件；Ⅱ商务；Ⅲ IT；Ⅳ通信；Ⅴ电子商务；Ⅵ文化创意；Ⅶ物流；Ⅷ医药；* 表示在5%的水平上显著；** 表示在1%的水平上显著；*** 表示在0.1%的水平上显著。

对于商务、IT、通信类外包行业，表征人力资本的 X_1 的系数显著为正，表明中高级劳动力的可获得性对企业选址具有正向促进作用，人力资本水平越高对企业吸引力越大。表征城市科技创新水平的 X_4 的系数显著为正的行业有软件、商务、IT、电子商务、物流以及医药服务外包行业，表明科技创新水平在这些行业的外包公司选址时有正向引导作用。表征产业集聚水平的 X_5 的系数在八个模型中的计算结果几乎全部显著为正，表明区域产业集聚水平越高，对服务外包企业吸引力越大，计算结果也验证了前文理论分析以及访谈的结果。表征示范城市的变量 X_8 被赋予了多项含义，但计算结果未显示出显著影响，可能的原因是示范城市的优势被其他变量解释了，例如数量最多的省级以上外包园区就是在示范城市内的。同理，示范城市的其他指标基本也在平均水平之上。表征商务成本的 X_6 的系数并不显著，即企业倾向于在较低土地价格的区位布局的假设未得到证实。可能原因是外包公司大多设在专业园区内，而政府多提供土地优惠政策。

6.3 服务外包企业发展模式分析

在分析服务外包产业空间分布关键要素及其驱动机制的基础上，本章对当前长三角不同发展模式的服务外包企业进行了总结，并附上了相应的企业案例，主要可分为以下几种类型。

6.3.1 本地具有涉外背景的外包公司发展模式

由于国际产业转移的大背景，特别是受印度外包行业巨大成功的影响，本土很多企业家嗅到外包商机，开始创办服务外包企业，积极承接发达国家的外包业务。这类企业的发展一般都具有涉外背景，与印度当年的"海外工程师"、新加坡的"国际行走人"类似，这些企业的领导人或者技术骨干或者具有海外留学的经历，或者具有海外跨国公司工作的背景，一方面发现了国际服务外包的大好机遇，另一方面十分熟悉相关领域的业务，在相关领域内也积累了一定的人脉关系，因而在外包领域内能够较快开拓国际市场。这类企业的驱动机制主要是利用国内低成本、规模经济获取利润，其中长三角地区又以承接对日、对欧美的外包企业发展相对成熟。虽然此类企业多数属于高新技术企业，且多承担相关领域的软件研发工作，但是从实际发展来看，该类企业目前的业务技术层级水平尚不够高端。从全球产业分工的价值链角度看，仍然处在服务外包产业价值链中相对低端的地位。一般而言，在收集、分析客户的需求后，进行系统设计，之后通过模块或系统编码，经过测试、交付等环节，最终实现客户需求。图 6-2 所示为软件系统开发的基本流程。

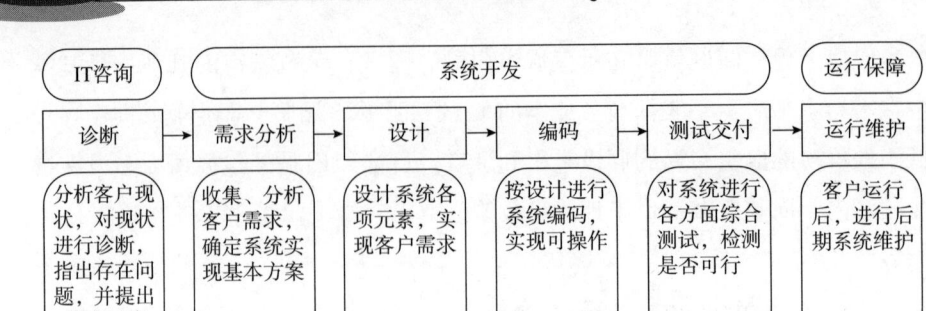

图6-2 软件系统开发的基本流程

典型案例企业：方舟信息技术（苏州）有限公司是由归国留学人员利用国际创业投资资本创立的高新技术企业。公司董事长白光一先生长年从事数据库系统及相关技术的研究开发，博士毕业后就职于日本富士通株式会社，2001年2月在日本东京创建Noah Solution株式会社，同年3月在苏州工业园区创建方舟信息技术（苏州）有限公司。公司的主要服务领域包括车载嵌入式系统研发、中间件系统研发以及企业信息化等。公司已与日本富士通、日立及美国的Versant等世界著名IT企业等建立了软件开发伙伴关系，充分利用公司的技术及所在地区优势，从事有明确行业领域及技术领域的、基于产品的软件出口外包业务及自主知识产权的软件出口业务。公司坐落于苏州—新加坡工业园区，员工中技术人员占80%以上，拥有众多博士、硕士为技术和管理的领头人。

6.3.2 跨国公司在本地开设外包子公司发展模式

伴随全球产业新一轮国际转移，许多跨国公司通过在承接国开设子公司或者分支机构的模式将业务进行转移。这种模式具体还可以分成研发机构模式和市场开拓机构模式（苗俊哲，2010）。研发机构模式的常见例子可以参考微软、IBM、惠普等大型跨国公司。这些跨国公司根据实施目的的不同，在我国开设了多个离岸研究中心，包括IBM中国研究院、微软亚洲研究院等以从事前沿研究为目的的研究中心，也有以产业技术应用、产品本地化推广为目的的软件研发中心。跨国公司为了控制企业的核心技术和知识产权，一般采用外商独资的形式设立。离岸研发中心的设立虽然是为了研发，但是根本动机仍然是"成本驱动型"，跨国公司注重的是承接国内部优秀的研发人才和低廉的人力成本。从承接的业务类型看，这类企业一般具备行业内较高水平的业务技术，根据跨国公司在全球范围内的水平分工，主要承接母公司的研发业务，开展较高层次的研发项目。一般来说，这类企业较少承接本土业务，相反，还经常作为二级发包商，将相对外围的业务转移给国内其他合作伙伴。跨国公司的这种二次发包行为由于技术示范效应较强，通常会间接带动承接国相关行业的发展。

另外一种模式是市场开拓机构模式。随着我国传统产业的转型，国内外包需求快速扩张，各大跨国公司看好我国国内庞大的外包市场，纷纷选择到中国来设立市场开拓机构。这类企业的设立是典型的"市场驱动型"，在享受承接国国内低成本优势的同时，根本目的还是开拓国外的广阔市场。相对于国内本土的外包企业而言，这类企业一般具有较为成熟的研发能力和专业素养，因此，在开展业务时具有较强的核心竞争力。从短期来看，这类企业的存在对国内本土的外包企业会造成较强的挤出效应，但从长远发展来看，这类企业为国内其他行业的发展提供了优质的服务，促进了接包行业生产效率的提高，同时，对国内本土外包企业具有较好的行业示范效应，激烈的市场竞争也从侧面激励了国内本土企业的成长壮大。

典型案例企业：1997年11月，微软投资在上海设立微软大中华地区技术支持中心（微软大中华区全球技术支持中心前身），这是全球500强企业在中国设立的第一个全球中心。2001年10月该中心再度被提升为微软全球技术中心，开始服务于全球的企业用户、合作伙伴和个人用户。中心为个人用户、开发者、IT专业人员、合作伙伴和企业级用户提供全方位、多元化的服务和技术支持。据悉，上海园区先进、便宜的厂房设施及合理的经营成本、比较成熟和规范的市场环境都是吸引微软的地方。2012年12月，无锡市政府与微软（中国）有限公司达成战略合作协议，微软亚太区全球技术支持中心落户无锡新区的无锡软件园（iPark），成为微软继上海总部之后在中国成立的第二个基地。微软副总裁芭芭拉·高登（Barbara Gordon）表示："无锡的产业环境和生活环境，包括人才储备都十分吸引我们。"

6.3.3 制造业服务化外包公司发展模式

制造业服务化，是指企业将以产品为中心的制造业向服务增值延伸，不再是单一的产品提供者，而是集成服务提供商（郭怀英，2013）。制造业服务外包是制造业与服务业产业融合的具体表现。随着企业面临的需求日益多样化以及竞争强度越来越高，追求专业化而不是范围经济，成为众多企业的一个重要的战略选择。原来企业内部的研发、设计、会计、营销、咨询等服务职能部门逐步分离出来，由更加专业的独立的市场主体专门运作。随着产业专业化分工更加细化以及市场化水平进一步提高，企业原有的生产性服务逐渐由"内在化"向"外在化"转型，制造业服务化催生了大量专业外包公司的兴起。该类企业在从制造业分离的过程中产生，其提供的生产性服务更加专业，规模经济也得到凸显，因此发展迅速。该类企业由于与本地原有的制造企业关联较大，故其空间分布、业务拓展多围绕本地制造企业展开。

典型案例企业： 苏州道鑫供应链管理有限公司成立于2004年，是集基础报关物流服务与贸易合规方案于一体的第四方物流服务商。道鑫属于伴随外企进驻苏州10年成立起来的第一代职业经理人自主创业公司。公司从成立初期就定位高端，专注于为中小型欧美企业提高供应链管理咨询服务、供应链方案设计、第四方物流、供应链信息系统服务。成立两年多来，因超前的理念、科学的管理而发展迅速，2005年、2006年均达到10倍增长速度。2007年入选首批"江苏省承接国际外包服务重点企业"，2010年受省政府邀请，参与拟定《江苏省服务外包五年发展纲要》，连续五年获国家商务部服务外包基金。道鑫除提供报关、运输、仓储、配送、进出口代理等基础物流服务外，还提供关务咨询、贸易合规方案、商务流程优化、物流金融等增值服务。目前，道鑫通过资本运作，参股、控股全国多家知名物流公司。2010年，道鑫物流收入超过4000万元，代理资金流超过2亿元，代理进出口额超过45亿元。客户已过百家，主要客户包括航空业、电子业、汽配业等行业的多家全球500强企业。谈到公司的发展，总经理胡荣毅先生表示，道鑫起步于为制造企业节省物流费用，特别在经济危机时赢得了大量客户，奠定了市场基础。目前，道鑫处于高速成长期，相比传统的物流企业，更加专注于为客户提供更加优化的物流解决方案和商务流程优化方案，因此，道鑫一直保持行业领先水平。

6.3.4 传统信息产业外包公司发展模式

第四类外包公司发展模式主要包括两类企业：一类是原本一直存在的专门的信息服务供应商，这是早期服务外包类企业的雏形；另一类是传统的软件及通信类产业，随着国际服务业转移以及国内外包市场的兴起，开始提供相关服务外包类业务。这类企业由于一直从事专业领域内的研发生产，往往具备较强的科研能力，有的企业还与部分高等院校和科研院所建立了"产学研"的合作关系，专门成立了企业研发中心。此外，这类企业多数已在行业内部浸淫多年，因而能够迅速抓住国际服务外包产业转移以及国内产业信息化、网络化、服务化的发展热潮，进而开拓市场。所以，该类企业也是长三角地区服务外包行业内发展较为典型的一类。

典型案例企业：江苏国泰新点软件有限公司（原江苏国泰国际集团新技术有限公司）成立于1998年，江苏省高新技术企业，首批软件企业认定，通过ISO9000质量体系认定、CMMI L3认证评估、建筑智能化设计施工一级，专门从事计算机软件开发、计算机系统集成及建筑智能化工程的设计施工。公司现有员工1200多名，本科以上学历占员工总数的90%以上，公司总部设在张家港，同时，公司在北京、上海、安徽、山东、江西、浙江、等地设立了几十个办事处或分公司，致力于为用户提供一流的软件和一流的服务。公司专业提供电子政务、公共资源交易（电子招投标）、建设行业信息化相关软件产品及软硬件一体化解决方案，全力打造信息时代政府管理与服务新模式，专门为各级政府部门及相关行业信息化提供服务。

6.4 小结

本章首先在文献综述的基础上，对从事服务外包行业的各类人员，包括政府主管部门、外包园区以及企业多个方面展开了实地调研和问卷访谈。根据本书构建的理论分析框架以及实地调研的结果，从人力资源、发展成本等多个方面分析了影响服务外包产业空间分布的主要因素。在此基础上，从政府主管部门、发包商、接包企业等多个角度分析了区域尺度上服务外包产业空间分布的驱动机制，并总结了服务外包企业发展的四种不同模式，包括本地具有涉外背景的外包公司发展模式、跨国公司在本地开设外包子公司发展模式、制造业服务化外包公司发展模式、传统信息产业外包公司发展模式。

研究发现，接包企业的专业素养、人力成本等关乎外包项目成败以及利润高低的因素成为发包商最关注的方面。而发包企业主要将关乎企业生存发展的因素作为其考虑选址布局的第一要素，包括当地的市场环境、当地的产业发展环境以及当地政府的办事效率和制度环境等。其他要素，类似政府优惠政策、区位环境等方面，虽然在企业发展初期有较强吸引力，却并非促进外包产业发展的长久之计。总体看来，市场和人力资本可以归结为影响服务外包企业发展的核心要素。在理论分析和调研访谈的基础上，本章进一步通过回归分析方法定量判定了不同要素在不同类型服务外包行业空间分布中的作用方向和机理。

长三角地区服务外包产业发展效应及潜力研究

7 长三角地区服务外包产业发展效应及潜力研究

服务外包产业发展对区域经济、人口就业、产业结构等多方面均有重要影响。本章从服务外包产业发展贡献以及服务外包产业发展问题两个维度出发，构建长三角地区服务外包产业发展综合效应评价体系。在评价长三角地区 16 个城市外包发展潜力的基础上，分析当前发展中存在的问题，讨论未来的发展趋势。

7.1 正面贡献

关于服务外包产业发展效应的综合评价，本节主要从"服务外包产业发展正面贡献——服务外包行业发展负面问题"的交叉角度进行论述。

7.1.1 正面贡献定性分析

（1）经济发展贡献。发展服务外包产业最直接、最直观的贡献就是对区域经济发展的贡献。目前外包产业已经成为印度毛利最大的出口业务之一，班加罗尔也因为外包产业的兴起，从一个无名的小城快速成长为全球知名的服务外包产业基地（王燕妮和王利群，2010）。我国服务贸易和商贸服务业司前副司长万连坡在谈到服务外包产业发展对国民经济增长的贡献时提到，我国服务外包产业对国民经济增长的贡献超过 0.7 个百分点[①]。长三角地区以无锡为例，2008~2012 年，无锡服务外包产业的增速都在 40% 以上，在无锡八大战略性新兴产业中增幅领先，成为推动无锡经济发展的积极动力。

---

① 商务工作系列网络访谈，http://www.mofcom.gov.cn/fangtan/swgzxlwlat/130719.shtml。

(2) 就业拉动贡献。商务部统计数据显示，截至2011年底，服务外包产业共吸纳大学生223.2万人，其中2011年新增大学毕业生达58.2万人，占当年全国大学毕业生人数的8.8%，而"十一五"期间这一比例约为7%，服务外包产业吸纳大学生就业能力呈现不断提升态势（商务部政研室，2012）。近五年来，无锡市仅服务外包企业就吸纳了13.7万人就业，平均每年新增2.5万人。2012年，无锡新增服务外包从业人员3.5万人，占无锡城镇新增就业总量的25.5%，其中应届大学毕业生在新增从业人员中占比达33.4%（施忠等，2013）。

(3) 产业转型贡献。首先，服务外包业务自身升级带动地区产业结构转型升级（刘志彪，2009；邝希聪，2009）。访谈中了解到，近几年随着服务外包产业的快速发展，长三角地区服务外包企业业务正逐步由低端向中高端延伸、由产业链部分环节向全产业链生态化转变，尤其是对于产业起着重要带动作用的研发设计、物流和电子商务等"微笑曲线"两端的业务，在长三角地区发展迅速。其次，发展高端外包能够对我国产业结构升级发生技术溢出效应（刘绍坚，2008）。最后，服务外包通过促进发包行业劳动生产率的提高和产业技术水平的提升，加快了地区产业调整和升级的进程（徐毅和张二震，2008；武晓霞和任志成，2010）。2012年，无锡以研发设计为主要服务业务的KPO业务，约占服务外包业务总量的30.4%；而服务于制造业的生产性服务外包业务也占到12%。在以科技和新兴产业为主的园区中，服务外包企业都已成为主力军。以无锡国家软件园（iPark）为例，2012年实现产值72亿元，其中服务外包企业实现产值57亿元，占产值总额的80%（施忠等，2013）。

此外，服务外包从业人员消费贡献趋势强劲。与传统行业相比，服务外包行业整体收入水平较高，且从业人员年轻人居多，消费欲望强烈，对住房、汽车等的消费潜力较大。仅2012年一年，服务外包从业人员在无锡购买住房961套（均成为新落户无锡的新无锡人），平均花费81.51万元；购置私家车983台，平均花费14.1万元。以单个企业为例，在这几年中，仅无锡NTT数据有限公司员工已在无锡买车200多辆、购房400多套（施忠等，2013）。

7.1.2 服务外包产业发展正面贡献定量评价

7.1.2.1 发展贡献评价指标

选择服务外包产业发展贡献评价指标，最好能综合全面地衡量服务外包行业对地区发展方方面面的价值贡献。然而出于数据可获得性方面的考虑，本章依据精练性与综合性相结合、实用性与可测性相结合的原则，构建了表7-1所示的评价指标。

表7-1 服务外包产业发展贡献评价指标

	一级指标	二级指标
服务外包产业发展贡献评价指标	经济贡献（50%）	服务外包产业规模/地区发展总值（40%）
		服务外包产业规模增长率（10%）
	就业贡献（50%）	服务外包就业规模/地区总就业人口（40%）
		服务外包就业规模增长率（10%）

（1）贡献内容确定。贡献内容主要从经济与就业两个方面考虑。由于城市能级、发展层次等方面的原因，单独的产业规模指标或者就业规模指标在不同城市间的可比性较差，因此具体指标采用外包产业规模/地区发展总值、外包就业规模/地区总就业人口的比值进行测定，比值越高，说明服务外包对当地经济发展的贡献越大。此外，除了总量指标，还加入了外包产业规模和就业规模的增长率指标。

（2）评价指标权重确定。目前评价指标权重的确定方法有主观法、客观法等（狄乾斌和韩增林，2003）。由于在服务外包产业发展贡献评价指标中，产业规模与就业规模都是贡献的重要方面，较难确定其重要性排序，因而采用平均分配法确定各指标的权重（刘可文等，2012）。在二级指标中，本章认为，产业规模占地区发展总值的比例以及就业规模占地区总就业人口的比例相比增长率更能体现出产业发展的贡献程度，因此，二级指标权重采用客观评价的方式按4∶1的比例加权。

以长三角16个城市为研究单元,某城市的服务外包产业发展贡献强度值为这一年服务外包产业经济贡献和就业贡献的加权总和。设某城市 i 服务外包产业发展贡献强度值为 C,则有:

$$C_i = E_i \times n + J_i \times n \tag{7-1}$$

式中,E_i 为经济贡献强度值,J_i 为就业贡献强度值,n 为指标的权重。

7.1.2.2 发展贡献评价

根据上文构建的评价指标,本节采用表7-1的具体指标以及式(7-1)的计算方法,对长三角地区16城市的指标数据进行标准化计算,得出了以下计算结果,评价了16城市服务外包产业发展的经济贡献、就业拉动贡献以及综合贡献的强度值。

(1)经济贡献强度。根据计算结果,长三角地区服务外包产业发展的经济贡献存在显著的地域差异。按强度大小,本章将其分成"弱—较弱—中等—较强—强"五个等级。其中,处于第一等级,强度最高的是南通市和湖州市,其经济贡献强度值分别为0.085、0.076,说明南通和湖州的外包产值占地区生产总值的比重较大,且产业发展速度较快,对经济发展的拉动作用较强;处于第二等级,强度次之的是南京、镇江、无锡、苏州和嘉兴,其中包含了三个服务外包示范城市;服务外包产业发展的经济贡献程度处于长三角地区中等水平的有杭州市和绍兴市;泰州、舟山、上海以及宁波的外包产业发展经济贡献程度相对较弱,处于第四等级;强度最低的,即外包产业发展经济贡献程度最弱的是扬州、台州和常州,其中扬州强度最弱,仅为0.012,不足南通市的15%。

(2)就业贡献强度。根据计算结果,与经济贡献程度的结果类似,长三角地区服务外包产业发展就业贡献强度的地域差异鲜明。同样按强度大小,分成"弱—较弱—中等—较强—强"五个等级。其中,处于第一等级,强度最高的是镇江市和无锡市,其就业贡献强度值分别为0.101、0.067,说明镇江和无锡的外包从业人数占地区就业总人数的比例较高,且从业人数的增长速度较快,说明外包产业发展对就业拉动的贡献较大;处于第二等级,强度次之的是扬州、南京、上海、嘉兴以及舟山,包括南京、上海两个服务外包示范城市；服务外包产业发展的就业贡献程度处于长三角地区中等水平的是泰州市、苏州市和杭州市；南通、湖州、宁波以及台州的外包产业发展的就业贡献程度相对较弱，处于第四等级；强度最低的，即外包产业发展就业拉动贡献程度最弱的是常州和绍兴，其中绍兴的强度最弱，仅为 0.01，不足镇江市的 10%。

（3）综合贡献强度。将服务外包产业发展的经济贡献强度和就业贡献强度加权加总，就得到了长三角地区服务外包产业发展贡献的强度值，如图 7-1 所示。按"弱—较弱—中等—较强—强"的等级排序后，镇江的贡献强度最高，排在第一等级，其中镇江的就业贡献强度也是最高的。这说明，镇江市的服务外包产业虽然体量不如示范城市大，但是综合比较后，镇江市服务外包产业的发展贡献强度超过了其他城市，在长三角地区排名第一；排在第二等级，即产业发展贡献强度较强的包括南京、无锡、南通、湖州和嘉兴，仅有南京和无锡两个示范城市包含在内；排在第三等级，即产业发展贡献强度中等的城市包括泰州、苏州、上海、杭州和舟山，说明苏州、上海、杭州三个示范城市虽然服务外包产业发展速度较快，但从外包对城市发展的贡献情况看，

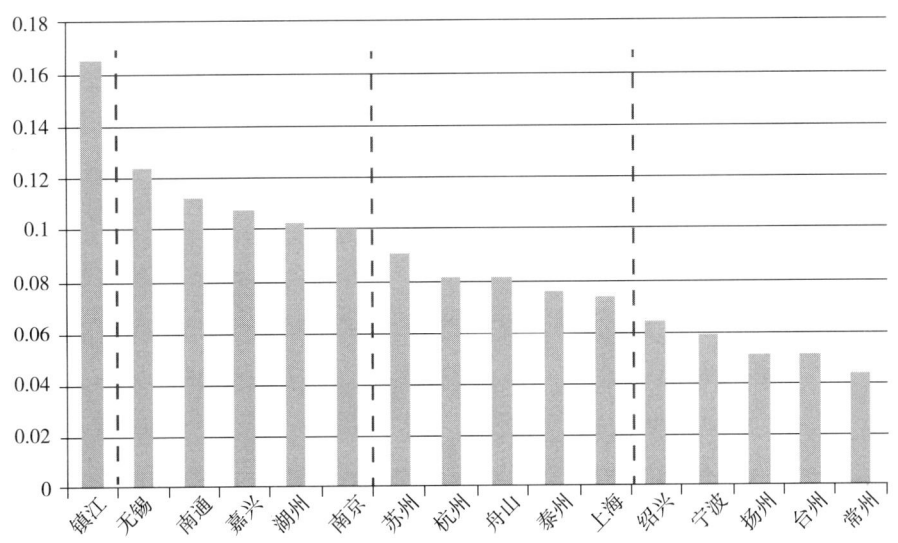

图 7-1　长三角地区服务外包产业发展贡献

程度仅为一般水平；处于第四等级，即产业发展贡献强度较弱的城市包括绍兴市和宁波市；处于最后一个等级，产业发展贡献强度最弱的城市是台州和常州，贡献程度最弱主要是由于服务外包产业在这两个城市的起步本身就比较滞后，发展速度慢，体量较小，因而可以吸纳的就业人口数量少，故贡献强度最低。

7.2 负面影响

根据调研访谈及问卷调查，受访企业普遍对服务外包产业未来的发展抱有极大信心，在调查企业未来是否有扩大规模的打算时，80%的受访企业表示目前经营良好，未来有扩大规模的打算。虽然产业前景较好，但受访企业表示由于服务外包产业是一个新兴行业，企业在拓展过程中也面临诸多障碍和困境（见表7-2）。

表7-2 调研企业发展面临的主要障碍

面临障碍	频次	百分比（%）	有效百分比（%）
2. 投资匮乏	3	15.0	15.8
3. 企业恶性竞争严重	8	40.0	42.1
5. 政策支持力度不够	1	5.0	5.3
6. 人才供给不足	7	35.0	36.8

注：要素前数字为问卷中编号。

7.2.1 人力资源供给不足

根据表7-2的统计结果，近40%的企业认为，当前企业发展面临的主要障碍是人才供给的不足，由于产业发展较快，不论高级专业人才还是普通的软件蓝领工人，都跟不上产业快速扩张的速度。接受调研的外包企业普遍反映，当前行业发展中的高级人才，例如中高端的项目经理、系统架构师非常缺乏，特别缺少的是具有外包项目实战经验、能够带领外包团队的技术与管理人员，以及熟悉客户语言和文化背景、精通国际外包行业规则、具有国外市场开拓能力的复合型人才。由于人才结构性失衡,造成从业人员流动性较大,尤其新员工的流失现象较为严重,人员稳定性差成为困扰企业发展的一大问题。

7.2.2 产业综合竞争力不足

由于我国服务外包产业整体仍然处于发展的起步阶段,与印度相比,我们仍是"小个子",企业规模、市场、技术等方面都存在较大差距。一方面,虽然长三角地区服务外包企业数量很多,但绝大部分企业规模都比较小,规模超过万人甚至五千人的企业都不多。由于外包产业的特殊特点,例如软件开发必须要具备一定规模的劳动力,否则就没有实力承接跨国公司的大包。相比之下,印度的Infosys等大企业,员工规模可以达到数十万人。近年来,国内领军的外包企业东软与华信合并、文思与海辉合并,都是为了做大规模,提高企业国际竞争力。另一方面,由于企业对国际市场缺乏深入了解,缺乏专业加工所需要的全球营销技能和专业开发过程能力,不熟悉国际规范,因而承接开发大型服务外包项目和吸引顶尖国际客户能力不足。即使是国内领先的药明康德等企业,面临激烈的国际竞争,在行业内部也没有定价等话语权。

7.2.3 行业管理仍需完善

首先,政府部门对服务外包产业的参与和管理有待形成合力。长期以来,国内政策"重离岸,轻在岸",在产业发展导向、政策扶持发力点、产业规划等方面,都是以支持离岸外包为主要目标,既脱离了实际,也影响了服务外包企业的规模效应和成长速度。调研发现,这种情况与产业部门的分割管理密切相关,在我国,离岸服务外包主要由商务及外经贸部门主管,而在岸外包的主体软件外包多由经信委部门负责。以杭州为例,目前杭州市服务外包管理与政策制定实施分别涉及信息办、外经贸局、科技局、人事局和发改委等多个部门,政府层面缺乏"一个窗口"的服务,以至于企业找不到对口管理服务组织,也不清楚适用哪些政策。其次,经营环境尚需进一步规范。根据表7-2的统计结果，42%的企业认为当前行业内企业恶性竞争的现象比较严重，很多时候企业不能公正公平地争取发包企业的订单。最后，政府职能有待转变。出于对服务外包产业发展的高度重视，政府的补贴和扶持是必要的，但也应是适度的，过度的补贴会导致企业投入减少从而丧失服务外包额，因此政府职能应适时从补贴扶持向监督管理转变。

7.2.4 企业面临融资困难

根据表7-2，15%的调研企业扩大规模时面临投资匮乏的窘境。融资的问题也是目前外包企业存在的一个重要问题，由于服务外包类企业是轻资产的企业，而银行融资大多要求以资产进行抵押，所以服务外包类企业如果想接大单或者扩大经营规模进行融资就会遇到很多困难。目前这一问题已经得到了关注，商务部已开始相关融资政策的试点工作，例如以企业信用为担保进行抵押贷款，以此解决高科技企业的融资难问题。另外，长三角地区服务外包产业还存在同质化竞争的现象，这些都是在产业发展过程中有待逐步解决的。

7.3 发展潜力讨论

当前长三角地区服务外包产业的发展已经形成了一定规模，但也存在诸多问题。未来长三角地区服务外包应该如何导向以更好地发挥产业的积极效应，本节在分析长三角16个城市服务外包产业发展潜力的基础上进行了综合讨论。

7.3.1 服务外包产业发展潜力定性分析

基于第3章成本—收益的理论分析框架以及第6章关于外包产业空间分布影响因素的分析，服务外包产业在一个城市内发展潜力的分析主要围绕市场和人力资本两个大的方面展开，本部分在借鉴商务部《中国服务外包示范城市综合评价指数》①基础上,从市场规模、产业环境、人力资源、发展成本和居住环境五个方面展开具体分析(见图7-2)。

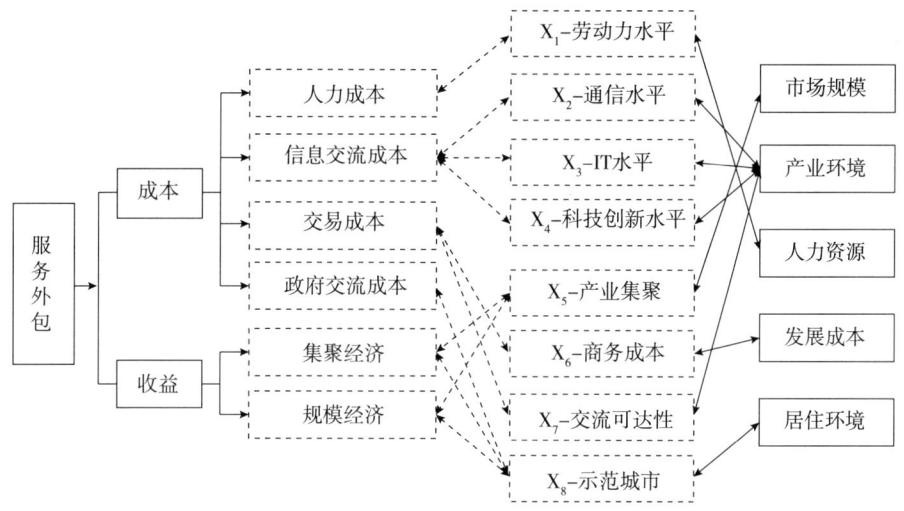

图7-2 服务外包产业发展潜力指标选择

(1)市场规模。受金融危机影响,全球主要发包方都遭遇到较严重的经济衰退,经济发展速度放缓。为维持本国就业,几大发包国都在考虑减少外包业务的海外转移。而日元贬值、人民币升值等汇率风险,也直接加大了外包企业离岸业务的压力(袁永友,2009)。相较愈加萎缩的国外市场,国内市场正是一片欣欣向荣。随着智慧城市、物联网、云计算、移动互联等新技术的涌现和应用,国内的在岸市场提供了大量的外包业务机会。对于还在起步和成长中的我国以中小型为主的服务外包企业而言,将市场重心放在国内是目前最好的战略选择,而在岸市场的活跃程度主要与当地的产业经济发展的综合情况密切相关。根据《2013中国服务外包企业研究报告》,2012年我国排名前十的服务外包领军企业的离岸业务总额为17.79亿美元,仅比2011年增长了0.66亿美元,增幅不到4%。而在岸业务额则为12.99亿美元,比2011年增长了3.19亿美元,增幅达到32.53%,占领军企业业务增长额的

---

① http://wzs.mofcom.gov.cn/article/n/200903/20090306136853.shtml.

82.86%（商务部，2013）。

（2）产业环境。首先，政府清晰的战略定位对于城市内部而言意味着资源和政策的聚焦，对于城市外部则意味着明确的形象认知与信息传递。具有明确外包产业战略定位的城市一般能以明确的、差异化的价值定位和产业导向发展产业，同时，也有利于城市在对外招商时对自身定位的宣传与推广。其次，政府可以多种方式决定相关产业的发展环境，进而影响行业发展的速度与规模。例如，政府部门分管领导对外包行业的理解与认识，外包政策的行业针对性、透明性、稳定性以及执行力，财税优惠政策以及地方扶持资金力度等，对企业发展而言都非常重要，尤其是在企业发展的起步阶段。最后，服务外包产业的发展离不开基础设施环境的支持，这包括城市的区位条件、交通、电力、通信、IT 网络等多个方面（王冲，2012；卢群英，2011）。其中，良好的区位条件和交通便利性在发展近岸和在岸外包服务中起着重要作用。而通信和网络设施要素更是任何服务外包业务发展中都不容忽视的重要方面。

（3）人力资源。人力资源是发展服务外包产业最关键的因素之一（程叶青，2010；赵枫，2010）。人力资源的评估包括两个层次：一是人力资源的数量，包括受过大学或职业教育的劳动力的总量以及相关教育、培训机构的数量；二是人力资源的质量，包括语言技能、文化适应性、技术技能和劳动力稳定性等方面。其中，语言技能在发展离岸服务外包业务时尤为重要（王旭东，2010）。

（4）居住环境。本章在调研中了解到，外包公司在考虑企业空间分布选址时，舒适宜居的生活环境是一个虽然隐性但有时可能起着决定性作用的因素之一，包括适宜的住房条件、齐全的生活配套、生态的自然环境甚至后代优良的教育环境，这一点对于高端服务类的企业和研发类的企业尤其重要。之所以这么说，是因为从事该行业的人员大多属于高端管理人才或者专业技术人才，其择业时不仅会考虑自身是否有广阔的事业发展空间，而且对居住环境以及子女的教育环境都有较高的要求。

（5）发展成本。成本可以说是驱动服务外包产业兴起发展的初始因素，尽管随着产业不断发展，其地位有所下降，但成本依然是考量服务外包行业十分重要的标准（郑琴琴，2009；李玉红，2007；徐勇，2010）。成本因素主要从两个方面考量：一是人力资源的成本，因为人力成本是企业外包成本的主体部分；二是城市的商务成本，主要表现为区域商业地价的高低。

7.3.2 服务外包产业发展潜力定量评价

7.3.2.1 发展潜力评价指标

潜力评价指标的选择主要判断服务外包行业在本地的发展是否有竞争力。与服务外包产业发展贡献评价指标的构建原则一致，构建了表 7-3 所示的评价指标。

表 7-3 服务外包产业发展潜力评价指标

	一级指标	二级指标	三级指标
服务外包产业发展潜力评价指标	市场规模（20%）	地区发展总值（20%）	地区发展总值（20%）
	产业环境（20%）	产业战略定位（6.67%）	是否有专门产业规划（6.67%）
		产业政策（6.67%）	外包专业园区数量（6.67%）
		基础设施（6.67%）	邮电业务量（3.33%）
			互联网用户数（3.33%）
	人力资源（20%）	人力资源（20%）	高校毕业生数量（10%）
			高等院校数量（10%）
	发展成本（20%）	人力成本（10%）	软件信息产业平均工资（10%）
		商务成本（10%）	商业用地平均地价（10%）
	居住环境（20%）	绿化水平（20%）	建成区绿化覆盖率（20%）

（1）贡献内容确定。主要围绕市场和人力资本两个大的方面，又可细分成市场规模、产业环境、人力资源和居住环境四个具体方面展开。出于数据可获得性以及指标不重复性等原则，具体指标涵盖五项一级指标，地区发展总值、产业战略定位等八项二级指标，大学毕业生数量、三产从业人员平均工资等十项三级指标。

（2）评价指标权重的确定。与服务外包产业发展贡献评价指标权重的确定原则一致，采用平均分配法确定各指标的权重。

以长三角16个城市为研究单元，某城市的服务外包产业发展潜力指数为其市场规模潜力指数、产业环境潜力指数、人力资源潜力指数、发展成本潜力指数、居住环境潜力指数的加权总和。设某城市 i 服务外包产业发展潜力指数为 F，则有：

$$F_i = M_i \times n_M + I_i \times n_I + H_i \times n_H + D_i \times n_D + L_i \times n_L \quad (7-2)$$

式中，M_i 为市场规模潜力指数，I_i 为产业环境潜力指数，H_i 为人力资源潜力指数，D_i 为发展成本潜力指数，L_i 为居住环境潜力指数，n 为指标的权重。

7.3.2.2 发展潜力评价

根据表7-3的指标以及式（7-2）的计算方法，对长三角地区16个城市的指标数据进行标准化计算，得出了长三角地区服务外包产业的发展潜力指数。具体评价结果如下：

（1）市场规模潜力。由于在岸外包市场的地位越来越突出，而在岸外包市场的活跃程度与当地产业发展情况密切相关，因此本章主要采用地区生产总值来表征地区经济发展的活跃情况，进而间接反映区域服务外包市场的规模。根据这样的计算结果，经济发展水平越好的地区，服务外包产业发展的市场规模就越大，因而发展潜力越高。按"低—较低—中等—较高—高"的等级排序后，上海成为服务外包市场规模潜力最大的城市；南京、无锡、苏州、杭州以及宁波的服务外包市场规模潜力次之，属于第二等级。可以发现，市场规模潜力较高城市的外包产业的体量也比较大，这恰好可以与前文的研究结论相呼应。此外，这些城市除了宁波之外，全部都是服务外包示范城市；排在第三等级，产业发展市场规模潜力中等的城市包括南通、常州、绍兴；排在第四等级，产业发展市场规模潜力较低的城市有扬州、泰州、镇江、嘉兴和台州；最后，产业发展市场规模潜力最低的城市是湖州和舟山，这主要与当地总体经济发展水平相关。

（2）产业环境潜力。计算产业环境潜力时，如果该城市已经制定了指导服务外包产业发展的专项规划，则指标赋值为1，否则为0。表7-4统计了目前长三角地区 16 个城市中已经编制的服务外包产业规划，可以看出，大部分城市都发现了政府对产业定位以及针对性产业政策的重要性，从 2009 年起，越来越多的城市开始编制服务外包产业发展规划。

产业环境潜力的计算考虑了制度环境、基础设施环境等多个方面，通过综合比较可以发现，上海依然是产业环境潜力最高的城市，这表明，上海在服务外包产业发展所需的各项指标中均有较好的表现；处于第二等级，产业环境潜力次之的是南京、无锡、苏州、杭州等服务外包示范城市，以及南通、宁波、台州等非示范城市；服务外包产业发展的产业环境潜力处于长三角地区中等水平的是湖州、嘉兴和绍兴；排在第四等级，产业环境潜力较低的城市是常州、扬州和泰州；产业环境潜力最低的城市是镇江。

表 7-4 长三角地区已经制定的服务外包产业规划

城市	服务外包规划	编制时间
上海	《上海服务外包中长期发展规划》	2012 年
南京	《南京市国际服务外包产业发展战略规划》	2009 年
无锡	《无锡市服务外包产业基地规划（2010~2012 年）》	2010 年
苏州	《苏州市服务外包"十二五"发展规划》	2009 年
南通	《南通市服务外包发展战略与产业规划》	2009 年
杭州	《杭州市服务外包发展战略和产业规划》	2009 年
湖州	《湖州市服务外包发展"十二五"规划》	2010 年
嘉兴	《嘉兴市服务外包发展规划 2010-2015》	2010 年
台州	《台州市服务外包产业发展"十二五"规划发布实施》	2010 年
宁波	《宁波市服务外包产业发展产业规划报告》	2012 年
绍兴	《绍兴市服务外包产业发展规划》	2011 年

（3）人力资源潜力。鉴于目前高校对学生的培养计划以及相关课程的设置情况，普通高等院校的毕业生基本都掌握了一定水平的英语和计算机技能，可以满足一般服务外包公司普通职位的需求，因此，本章在计算长三角地区服务外包产业发展人力资源潜力时，主要采用了高等院校及其毕业生的数量做指标。由于具有丰富的高校及科研机构的资源，从人力资源的角度出发，在上海和南京发展服务外包的潜力最高；然后是杭州和苏州，处于人力

资源潜力第二等级；长三角地区人力资源潜力中等的城市包括常州、无锡、宁波；相对而言，本地人力资源潜力较低的城市有镇江、扬州、南通、绍兴；本地人力资源潜力最低的城市是泰州、湖州和嘉兴，这三个城市的高等院校以及毕业生的数量最少。

（4）发展成本潜力。发展成本潜力是指从企业发展成本高低的角度出发，判断其在本地发展的前景，潜力越高，说明当地的发展成本越低。本章考虑了人力成本和商务成本两个方面。

发展成本潜力的高低呈现了与之前指标完全不同的格局，潜力最高，即外包发展成本最低的城市集中在长三角北部的扬州、泰州、镇江、舟山等地，说明这些城市的低成本适合发展服务外包；潜力较高的城市包括南通、湖州、嘉兴和台州，这些城市也可以低人力成本以及商务成本的优势发展服务外包产业；长三角地区发展成本潜力中等的城市是常州；相对而言，潜力较低，即发展成本较高的城市有杭州、无锡、绍兴和宁波；潜力最低、发展成本最高的一组城市包括南京、上海和苏州。

（5）居住环境潜力。本章在计算居住环境的潜力时，由于数据可获得性的原因，只选用了城市建成区的绿化覆盖率一个指标，虽然不能完全反映出居住环境角度考虑外包发展潜力的高低，但也能在一定程度上表征城市环境建设的基本水平。

长三角地区服务外包产业发展居住环境潜力的空间分布呈现自西向东递减的格局。处于第一等级，居住环境潜力最高的城市包括湖州、南京、扬州，这三个城市的确都是江南风景秀丽、适宜人居的城市；处于第二等级，居住环境潜力较高的城市包括镇江、常州、无锡、苏州和杭州；居住环境潜力水平中等的城市主要有泰州、南通、嘉兴和台州；处于第四等级，居住环境潜力相对较低的城市包括舟山；而上海、宁波、绍兴的居住环境潜力最低。

（6）综合发展潜力。在之前计算结果的基础上，将服务外包产业发展的市场规模潜力、产业环境潜力、人力资源潜力、发展成本潜力以及居住环境潜力进行加权加总，就得到了长三角地区16个城市服务外包产业综合发展潜力的强度值。如图7-3所示，将计算结果按"较低—中等—较高—最高"的等级排序后，可以明确看出长三角地区服务外包产业发展潜力的空间分布。经过综合加权加总，上海、南京、杭州、苏州、无锡五个外包示范城市的综合潜力指数最高，排在第一等级，表明示范城市属于长三角地区最有条件和优势发展服务外包产业的区域；综合发展潜力排在第二等级的城市有宁波、湖州和南通，说明这些城市同样具备发展服务外包产业的良好基础；综合发展潜力排名中等水平的城市包括了扬州、镇江、常州、嘉兴以及台州，说明这些地区服务外包产业发展的综合环境和条件虽然一般，但仍然具备较大的发展可能；发展潜力最低的城市包括了泰州、绍兴和舟山，说明从这些城市目前的综合情况看，服务外包产业发展所需要的各项环境和条件仍然有待进一步优化和完善。

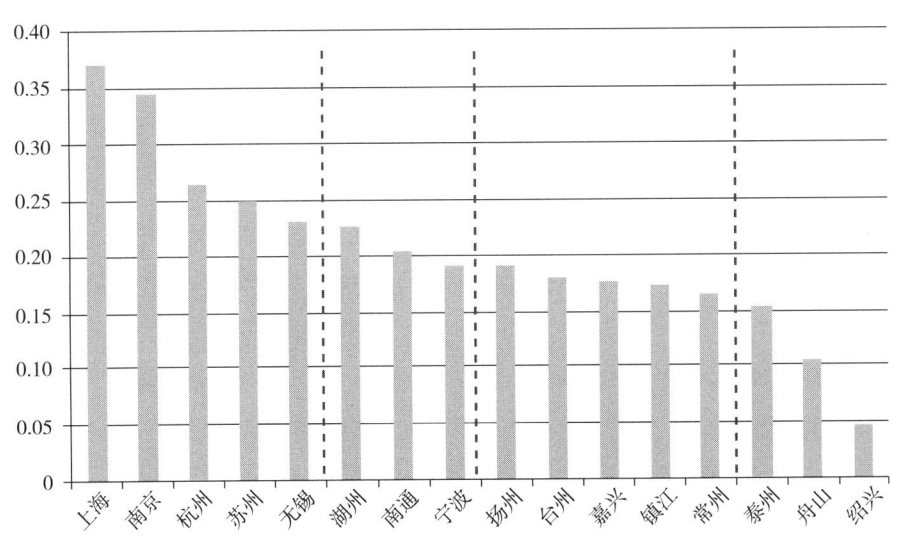

图7-3 长三角地区服务外包产业发展潜力

7.3.3 基于发展潜力的讨论

以服务外包产业发展的潜力指数为横坐标，发展贡献强度为纵坐标，绘制了长三角16个城市外包产业发展潜力—贡献散点图。如图7-4所示，越靠近坐标轴右边的点，说明其发展外包产业的潜力越大。同理，越靠近图像上方的点，表明其产业发展对城市的贡献程度越大。综合来看，镇江、无锡、南京、湖州、嘉兴等城市的产业发展潜力以及贡献强度都比较高；而绍兴、舟山、台州等地的产业发展潜力以及贡献强度都相对较低。

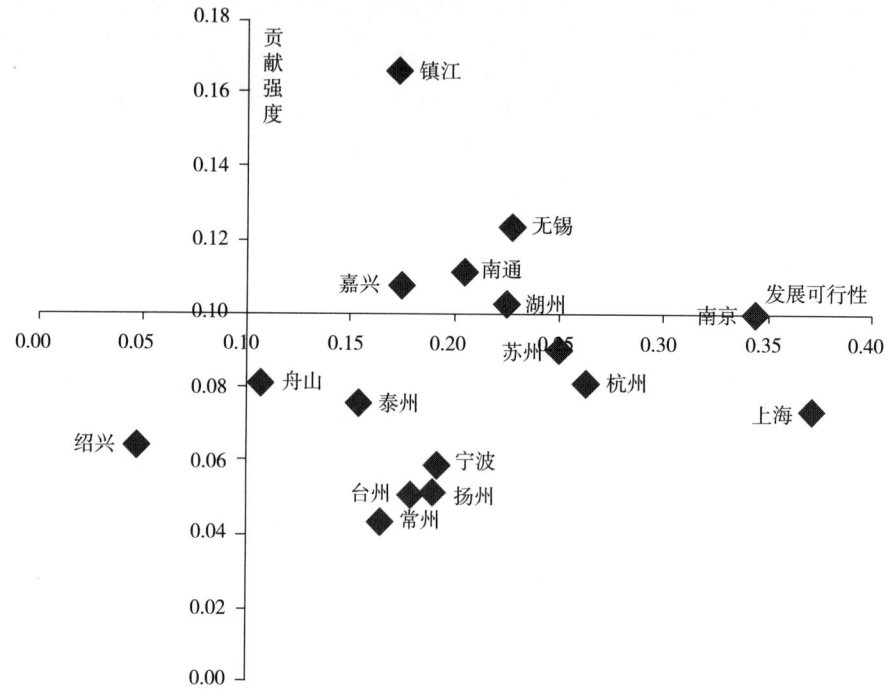

图 7-4　长三角地区 16 城市服务外包产业发展贡献—潜力散点图

（1）区域服务外包产业的发展要统筹考虑贡献与潜力的匹配问题。从目前长三角地区外包产业的发展效应看，五个外包示范城市的外包体量虽然很大，但综合贡献强度偏低。表 7-5 将长三角地区 16 个城市服务外包产业发展的贡献与潜力等级进行了简单的比较。引人注目的是，虽然服务外包示范城市在外包发展潜力的评价中表现优异，然而，五个外包示范城市在产业发展贡献评价中的表现却着实一般。例如，上海、杭州、苏州的服务外包产业的发展贡献只能在长三角地区排入第三等级，南京、无锡也主要依靠就业拉动的贡献排名第二等级。与之相对应的是，虽然镇江的各项条件综合起来，其产业发展潜力只能在长三角地区排中等水平,然而,镇江市服务外包产业的贡献强度却是16个城市当中最高的。这充分说明,当前长三角地区服务外包产业的发展存在贡献—潜力不匹配的问题,特别是在政府为了促进产业发展,在服务外包示范城市以及示范园区投入了大量财力、政策的前提下,这种产业投入—发展贡献不匹配的现象尤其值得政府主管部门以及行业研究人员进行反思:服务外包产业发展需要的环境和条件究竟是什么?长三角地区哪些城市更适合发展服务外包,能使外包产业更好地为促进区域发展做出贡献?

表 7-5　长三角地区 16 城市服务外包产业贡献—潜力比较

	第一等级	第二等级	第三等级	第四等级
贡献	镇江	南京、无锡、南通、湖州、嘉兴	泰州、苏州、上海、杭州、舟山	绍兴、宁波、扬州、台州、常州
潜力	上海、南京、杭州、苏州、无锡	宁波、湖州、南通	扬州、镇江、常州、嘉兴、台州	泰州、绍兴、舟山

(2) 长三角地区服务外包产业未来发展导向讨论。在本书第 3 章服务外包产业理论的均衡分析中认为,理论上,服务外包企业的选址应综合考虑当地熟练劳动力的数量和工资成本,只有劳动力的素质和成本两个方面同时达到较为均衡的水平时,才能为发包企业赢得较大利润空间。实证分析的结果基本验证了这一理论观点。例如,上海作为一线城市,虽然集聚了大量专业技术型人才,然而用工成本、商务成本都比较高昂,在普通服务外包业务的展开方面,高素质劳动力—高成本的上海远不如较高素质劳动力—中等成本的无锡、苏州等城市更有吸引力,同时外包产业本身为城市带来的积极效应也相对有限。随着经济全球化的不断深化,产业的承接与转移正以一种不可阻挡的趋势加速前进,国内东部沿海地区产业向中西部地区转移的步伐也正在加快。随着利润空间被过度挤压,一线城市正将低端外包市场逐步转移到二三线城市。访谈中了解到,目前已经有很多长三角的企业看中中西部,未来打算将非核心业务转移到中西部地区。因此,关于长三角地区服务外包产业未来的发展,宁波、镇江、泰州等非示范城市应加强产品的服务化,提升

产业链价值，从单纯的 IT 项目开发，逐渐向依靠提供解决方案过渡；而以上海、杭州等为代表的服务外包示范城市则应强化企业分析设计能力等更高附加值的环节，加速向产业链上游更加高端的前线迈进。

7.4 小结

本章从服务外包产业发展正面贡献以及服务外包产业发展问题两个维度出发，综合评价了长三角地区 16 个城市服务外包产业的发展效应。并结合不同地区服务外包产业的发展潜力，对长三角地区未来产业的发展导向进行了讨论。研究发现，不同城市服务外包产业发展潜力以及贡献强度存在显著的区域空间差异特征，等级差异较为突出。从产业发展贡献的评价结果看，镇江市服务外包产业的发展贡献强度超过了其他城市，在长三角地区排名第一；而产业发展潜力的评级结果显示，上海、南京、杭州、苏州、无锡五个外包示范城市的综合潜力指数最高，具备发展服务外包产业的良好环境和突出优势。当前，长三角地区产业发展中仍然存在人力资源供给不足、产业综合竞争力不足、行业管理仍需完善、融资困难以及产业发展贡献—潜力不匹配等问题。政府主管部门为促进产业发展，在制定相关产业政策时，应统筹考虑区域服务外包产业的发展贡献与潜力，根据当地的产业基础与发展成本确定未来产业发展的方向。

8

结论与展望

本书将贸易理论、管理学理论、区位理论、新经济地理学等理论相结合，并将其纳入全球化和区域一体化发展的大背景下，从经济地理学的全新视角，研究了区域尺度上服务外包产业的发展规律。在企业服务外包一般均衡分析的基础上，引入由发包方—接包方地理区位差异导致的企业成本—收益的均衡分析，构建了分析服务外包产生发展的基本理论框架。在此基础上，从长三角地区服务外包产业空间格局演变、驱动机理及发展效应三个方面，通过实地调研、问卷发放、定量分析等手段对长三角地区服务外包产业进行实证分析，对服务外包产业发展的理论规律进行了进一步验证和完善。

8.1 主要研究结论

通过以上研究，本书主要得出了以下方面的结论：

（1）在经济全球化浪潮中，随着产品生产的可分离和全球通信运输的发展，越来越多以产品为对象的横向国际分工和交换被以产品工序、环节为对象的纵向国际分工所取代，从而产生服务外包。从三次产业演化、融合的角度看，经济的全球化以及市场环境的深刻变化，使服务业与制造业由分工、分化到互动融合，服务化成为全球制造业发展与升级的重要趋势。近年来，跨国公司全球战略的调整为外包这种离岸模式的迅速发展提供了契机。开展服务外包的最基本的先决条件就是，一个特定服务的生产任务是可分割化和可贸易的，而信息和通信技术的进步为服务创新提供了技术保障，并使份额高效的服务产品定制化成为可能。近年来，随着云计算、大数据等新技术的诞生，又将催生全新的服务外包细分领域并迅速发展。

（2）我国的服务外包产业于20世纪90年代中期开始萌芽，当时主要体现在软件园的建设上。90年代末期，IT技术革命和信息化的兴起，促进了软件业的崛起，也推动了软件服务外包的发展。长三角地区的外包业务以软件外包起步，2006年前后长三角地区服务外包产业进入了快速发展的阶段。如同在国际制造业转移中迅速崛起一样，在全国大力承接国际服务业转移时，长三角地区越来越显现出"外包高地"的地位。从长三角地区服务外包产业总体格局看，服务外包示范城市表现十分突出，目前已经形成了沿"宁—沪—杭—甬"一线的服务外包产业带的发展格局。上海是21个服务外包示范城市中体量最大的一个，目前上海服务外包产业的发展重点为：主动承接跨国公司内部的离岸外包业务，大力吸引既承接全球业务又可向我国发包的跨国公司地区总部和研发中心。从外包内容看，虽然目前长三角地区ITO、BPO、KPO的规模都十分可观，然而仍以较低端的ITO为主导，较为高端的BPO和KPO尚在发展中。

（3）通过对不同类型外包产业的集聚特征进行比较分析，发现长三角地区发展最早、成熟度最高的IT服务外包产业的空间集聚度最高，其次为商务服务外包产业、医药服务外包、物流服务外包和通信服务外包，电子商务服务外包与文化创意服务外包的空间基尼系数虽然相对其他行业较低，但也存在着空间分布高度集中的状况。各类服务外包产业主要集聚于上海、苏州、杭州等示范城市，本章依其布局特征总结为示范型、均衡型、特色型三种类型。示范型即以服务外包示范城市为主导重点发展的产业，主要包括软件服务外包、商务服务外包和IT服务外包。均衡型是指企业分布较为平均的产业，主要包括通信服务外包和文化创意服务外包。特色型是由于某些特殊原因在一些城市中快速集聚的特色产业，例如杭州的电子商务服务外包、泰州的医药服务外包和宁波、上海的物流服务外包等。

从产业演化特征看，2000年前，长三角地区的服务外包企业主要集聚在上海；2005年前后，随着各项扶持政策的出台，南京、苏州、杭州等示范城市开始成为集聚中心；如今，宁波、嘉兴等非示范城市的外包产业发展迅速，新的外包中心不断崛起。此外，长三角地区服务外包的技术含量也不断提升。2005年以前，长三角地区ITO占比高达60%以上，而近年来，ITO比例显著下降，BPO和KPO的占比则不断上升，现已接近50%。这表明长三角地区服务外包产业结构正逐步向中高端方向发展。

（4）通过对研究区开展实地调研和问卷访谈，本书从政府视角以及企业视角两个方面，讨论了服务外包产业发展布局的驱动机制。其中，政府管理部门的外包专家认为，影响服务外包产业发展的关键因素多是围绕"人的因素"展开的。而企业视角下，市场和人力资本可以归结成影响服务外包企业发展的核心要素。从发包方角度看，接包企业的专业素养、人力成本等关乎外包项目成败以及利润高低的因素成为发包商最关注的方面。而发包企业主要将关乎企业生存发展的因素作为其考虑选址布局的第一要素，包括当地的市场环境、当地的产业发展环境以及当地政府的办事效率和制度环境等。其他要素，类似政府优惠政策、区位环境等方面，虽然在企业发展初期有较强吸引力，但并非促进外包产业发展的长久之计。本书总结了长三角地区服务外包企业发展的四种主要模式，包括本地具有涉外背景的外包公司发展模式、跨国公司在本地开设外包子公司发展模式、制造业服务化外包公司发展模式、传统信息产业外包公司发展模式。

（5）本书从服务外包产业发展正面贡献以及服务外包产业发展负面问题两个维度出发，综合评价了长三角地区16个城市服务外包产业的发展效应，并基于长三角地区16个城市外包发展潜力的评价，讨论产业未来的发展趋势。当前，长三角地区产业发展中，仍然存在人力资源供给不足、产业综合竞争力不足、行业管理仍需完善、融资困难等问题。从产业发展贡献的评价结果看，镇江市服务外包产业的发展贡献强度超过了其他城市，在长三角地区排名第一；而根据产业发展潜力的评价结果，上海、南京、杭州、苏州、无锡五个外包示范城市的综合潜力指数最高，具备发展服务外包产业的良好环境和突出优势。面对长三角地区服务外包产业发展存在贡献—潜力不匹配的现象，政府主管部门为促进产业发展，在制定相关产业政策时，需综合考虑服务外包产业发展需要的环境和条件。

8.2 可能的创新点

本书通过理论与实证分析，试图在以下方面有所创新：

（1）区域尺度接包方视角下服务外包产业的研究。从接包方的角度出发，发挥地理学空间分析、综合分析的优势，根据企业成本—收益一般均衡分析的思路，讨论了服务外包产生发展的初始动因。在此基础上，结合全球化、信息化和服务化等宏观过程，引入发包与接包双方区位差异导致的成本—收益变化，分析服务外包发展的外生动力，构建了区域尺度服务外包产业的综合理论分析框架。并进一步探讨服务外包产业区位选择的影响因素以及空间演化模式，弥补了承接国视角、区域尺度服务外包空间研究较少的不足，拓展了经济地理相关研究领域。

（2）研究方法的综合集成。在研究方法上，理论假设与实证验证相结合、定性判定与定量估计相结合、统计分析与空间分析相结合，构筑了区域尺度服务外包产业空间格局、驱动机理以及发展效应的综合测度方法，使本书的研究结论更具说服力。

（3）构建了区域尺度服务外包产业发展效应的综合评价体系。从"服务外包产业发展正面贡献—服务外包行业发展负面问题"的交叉角度出发，综合评价了区域尺度服务外包产业的发展效应，并根据长三角地区16个城市外包发展潜力的评价，讨论未来的产业发展趋势。效应及潜力研究弥补了以往研究中定量分析较少以及评价标准单一的欠缺，为长三角地区服务外包产业的合理发展提供些许借鉴。

8.3 研究不足与展望

受笔者学识水平和篇幅限制，以及区域尺度接包方视角下的服务外包产业研究相对"年轻"的原因，本书还有很多不足之处，许多重要的问题需要后续进一步研究和探讨：

（1）区域和行业内部的研究有待深化。本书主要以长三角地区 16 个城市为研究案例区，缺乏更细尺度更深入的研究。在对不同外包行业进行比较研究时，对行业的划分过粗，一定程度上会掩盖许多特定行业的空间集聚特征的差异。

（2）调研访谈的样本数量偏少。虽然本书在对服务外包产业进行定量研究的同时，采用了实地访谈和案例研究的一手资料，但是由于时间和能力所限，调研的样本数量还是偏少，研究结果在一定程度上有可能与实际情况产生偏差。

（3）缺少对区域尺度服务外包产业空间分布优化路径的研究，未来研究重点可以进一步深化和完善服务外包产业空间效应的评价体系，从而建立综合考虑发展潜力和发展贡献的区域尺度服务外包产业空间引导的政策措施。

参考文献

[1] Abraham K G, Taylor S K. Firms' Use of Outside Contractors: Theory and Evidence [J]. Journal of Labor Economics, 1996, 14 (3): 394-424.

[2] Afuah A. Redefining Firm Boundaries in the Face of the Internet: Are Firms Really Shrinking? [J]. Academy of Management Review, 2003 (1).

[3] Amiti M, Wei S-J. Demystifying Outsourcing [J]. Finance and Development, 2004, 41 (4): 36-39.

[4] Amiti M, Wei S-J. Service Offshoring, Productivity, and Employment: Evidence from the United States [R]. NBER Working Paper No. 11926, 2006.

[5] Antonietti R, Cainelli G. Spatial Agglomeration and Vertical Disintegration of Knowledge Intensive Business Services in Lombardy [C]. Spatial Agglomeration and Vertical Disintegration of Knowledge Intensive Business Services in Lombardy. Paper Presented at the DIME Final Conference, 2011.

[6] Antràs P, Helpman E. Global Sourcing [M]. National Bureau of Economic Research, 2003.

[7] Arndt S W. Globalization and the Open Economy [J]. The North American Journal of Economics and Finance, 1997, 8 (1): 71-79.

[8] Arndt S W. Offshore Sourcing and Production Sharing in Preference Areas [J]. Fragmentation: New Production Patterns in the World Econom, 2001: 76-87.

[9] Baily M N, Lawrence R Z. What Happened to the Great US Job Machine? The Role of Trade and Electronic Offshoring [J]. Brookings Papers on Economic Activity, 2004 (2): 211-284.

[10] Balassa B A. Trade Liberalization among Industrial Countries: Objectives and Alternatives [M]. City: Council on Foreign Relations, 1967.

[11] Barringer B R, Harrison J S. Walking a Tightrope: Creating Value through Interorganizational Relationships [J]. Journal of Management, 2000, 26 (3): 367-403.

[12] Berggren C, Bengtsson L. Rethinking Outsourcing in Manufacturing: A Tale of Two Telecom Firms [J]. European Management Journal, 2004, 22 (2): 211-223.

[13] Berman E, Bound J, Griliches Z. Changes in the Demand for Skilled Labor within U.S. Manufacturing: Evidence from the Annual Survey of Manufactures [J]. The Quarterly Journal of Economics, 1994, 109 (2): 367-397.

[14] Bhagwati J, Panagariya A, Srinivasan T N. The Muddles over Outsourcing [J]. The Journal of Economic Perspectives, 2004, 18 (4): 93-114.

[15] Blonigen B A, Slaughter M J. Foreign-Affiliate Activity and U.S. Skill Upgrading [J]. National Bureau of Economic Research Working Paper Series, No. 7040, 1999.

[16] Boyreau-Debray G, Wei S-J. Can China Grow Faster? A Diagnosis on the Fragmentation of the Domestic Capital Market [M]. International Monetary Fund, 2004.

[17] Braga C A P. The Impact of the Internationalization of Services on Developing Countries [J]. Finance and Development, 1996, 33 (1): 34-37.

[18] Brynjolfsson E, Malone T W, Gurbaxani V, et al. Does Information Technology Lead to Smaller Firms? [J]. Management Science, 1994, 40 (12): 1628-1644.

[19] Bunyaratavej K, Hahn E D, Doh J P. International Offshoring of Services: A Parity Study [J]. Journal of International Management, 2007, 13 (1): 7-21.

[20] Chiles T H, Mcmackin J F. Integrating Variable Risk Preferences,

Trust, and Transaction Cost Economics [J]. The Academy of Management Review, 1996, 21 (1): 73-99.

[21] Coase R H. The Nature of the Firm [J]. Economica, 1937, 4 (16): 386-405.

[22] David R J, Han S K. A Systematic Assessment of the Empirical Support for Transaction Cost Economics [J]. Strategic Management Journal, 2004, 25 (1): 39-58.

[23] Deardorff A V. Fragmentation Across Cones [C]. Research Seminar in International Economics, University of Michigan, 1998.

[24] Dossani R. The Next Wave of Globalization: Relocation Service Provision to India [J]. World Development, 2007, 35 (5).

[25] Dunning J H. Explaining International Production [M]. Unwin Hyman London, 1988.

[26] Dunning J H. Toward an Eclectic Theory of International Production: Some Empirical Tests [J]. Journal of International Business Studies, 1980, 11 (1): 9-31.

[27] Egger H, Egger P. Cross-border Sourcing and Outward Processing in EU Manufacturing [J]. The North American Journal of Economics and Finance, 2001, 12 (3): 243-256.

[28] Egger H, Falkinger J. The Distributional Effects of International Outsourcing in a 2× 2 Production Model [J]. The North American Journal of Economics and Finance, 2003, 14 (2): 189-206.

[29] Fahy J, Smithee A. Strategic Marketing and the Resource Based View of the Firm [J]. Academy of Marketing Science Review, 1999, 10 (1): 1-21.

[30] Feenstra R C, Hanson G H. Foreign Investment, Outsourcing and Relative Wages [M]. National Bureau of Economic Research, 1995.

[31] Feenstra R C, Hanson G H. The Impact of Outsourcing and High-technology Capital on Wages: Estimates for the United States, 1979-1990 [J]. The

Quarterly Journal of Economics, 1999, 114 (3): 907-940.

[32] Feenstra R C. Integration of Trade and Disintegration of Production in the Global Economy [J]. The Journal of Economic Perspectives, 1998, 12 (4): 31-50.

[33] Feenstra R, Hanson G. Global Production Sharing and Rising Inequality: A Survey of Trade and Wages [M]. National Bureau of Economic Research, 2001.

[34] Friedman T L. The World is Flat: A Brief History of the Twenty-first Century—Updated and Expanded [M]. Gardners Books, 2006.

[35] Geishecker I, Görg H, Munch J R. Do Labour Market Institutions Matter? Micro-level Wage Effects of International Outsourcing in Three European Countries [J]. Review of World Economics, 2010, 146 (1): 179-198.

[36] Geishecker I. Does Outsourcing to Central and Eastern Europe Really Threaten Manual Workers, Jobs in Germany? [J]. World Economy, 2010, 29 (5): 559-583.

[37] Gilley K M, Rasheed A. Making More by Doing Less: An Analysis of Outsourcing and Its Effects on Firm Performance [J]. Journal of Management, 2000, 26 (4): 763-790.

[38] Glass A J. Outsourcing under Imperfect Protection of Intellectual Property [J]. Review of International Economics, 2004, 12 (5): 867-884.

[39] Graf M, Mudambi S M. The Outsourcing of IT-enabled Business Processes: A Conceptual Model of the Location Decision [J]. Journal of International Management, 2005, 11 (2): 253-268.

[40] Greenaway D, Hine R C, Wright P. An Empirical Assessment of the Impact of Trade on Employment in the United Kingdom [J]. European Journal of Political Economy, 1999, 15 (3): 485-500.

[41] Grossman G M, Helpman E. Complementarities between Outsourcing and Foreign Sourcing [J]. The American Economic Review, 2005, 95 (2): 19-24.

[42] Grossman G M, Helpman E. Integration Versus Outsourcing in Industry

Equilibrium [J]. The Quarterly Journal of Economics, 2002, 117 (1): 85-120.

[43] Grossman G M, Helpman E. Managerial Incentives and the International Organization of Production [J]. Journal of International Economics, 2004, 63 (2): 237-262.

[44] Görg H, Hanley A. Labour Demand Effects of International Outsourcing: Evidence from Plant-level Data [J]. International Review of Economics & Finance, 2005, 14 (3): 365-376.

[45] Harrigan J, Balaban R. U. S. Wages in General Equilibrium: The Effects of Prices, Technology, and Factor Supplies, 1963-1991 [J]. National Bureau of Economic Research Working Paper Series, No. 6981, 1999.

[46] Harrigan J. International Trade and American Wages in General Equilibrium, 1967 - 1995 [R]. National Bureau of Economic Research Working Paper Series, No. 6609, 1998.

[47] Haskel J E, Slaughter M J. Have Falling Tariffs and Transportation Costs Raised U. S. Wage Inequality? [R]. National Bureau of Economic Research Working Paper Series, No. 7539, 2000.

[48] Hummels D, Ishii J, Yi K-M. The Nature and Growth of Vertical Specialization in World Trade [J]. Journal of International Economics, 2001, 54 (1): 75-96.

[49] Hätönen J, Eriksson T. 30+ Years of Research and Practice of Outsourcing-Exploring the Past and Anticipating the Future [J]. Journal of International Management, 2009, 15 (2): 142-155.

[50] Jones R W, Kierzkowski H. 10 Globalization and the Consequences of International Fragmentation [J]. Money, Capital Mobility, and Trade: Essays in Honor of Robert A. mundell, 2004: 365.

[51] Jones R W, Kierzkowski H. A Framework for Fragmentation [C]. In: Arndt, S. W. and Kierzkowski, H. , Eds. , Fragmentation. New Production Patterns in the World Economy, Oxford University Press, Oxford, 2001: 17-34.

[52] Jones W. Offshore Outsourcing: Trends, Pitfalls, and Practices [J]. Execution Report, 2003, 4 (4).

[53] Jorgenson D W. Information Technology and the US Economy [J]. The American Economic Review, 2001, 91 (1): 1-32.

[54] Kedia B L, Lahiri S. International Outsourcing of Services: A Partnership Model [J]. Journal of International Management, 2007, 13 (1): 22-37.

[55] Khan S U, Niazi M, Ahmad R. Factors Influencing Clients in the Selection of Offshore Software Outsourcing Vendors: An Exploratory Study Using a Systematic Literature Review [J]. Journal of Systems and Software, 2011, 84 (4): 686-699.

[56] Kotabe M, Mol M J, Murray J Y. Outsourcing, Performance, and the Role of Ecommerce: A Dynamic Perspective [J]. Industrial Marketing Management, 2008, 37 (1): 37-45.

[57] Krugman P R. Geography and Trade [M]. MIT Press, 1991.

[58] Krugman P. Does Third World Growth Hurt First World Prosperity? [J]. Harvard Business Review, 1994 (72): 113.

[59] Lacity M C, Hirschheim R. The Information Systems Outsourcing Bandwagon [J]. Sloan Management Review, 1994 (34).

[60] Leiblein M J, Miller D J. An Empirical Examination of Transaction- and Firm-level Influences on the Vertical Boundaries of the Firm [J]. Strategic Management Journal, 2003, 24 (9): 839-859.

[61] Malone T W, Yates J, Benjamin R I. Electronic Markets and Electronic Hierarchies [J]. Communications of the ACM, 1987, 30 (6): 484-497.

[62] Marchant M A, Kumar S. An Overview of U.S. Foreign Direct Investment and Outsourcing [J]. Review of Agricultural Economics, 2005, 27 (3): 379-386.

[63] Marija Matejic. Offshoring of IT Services: Impact on Enterprises, IT Industry and National Economies [EB/OL]. http//www.ai.wu-wien.ac.at, 2005.

[64] Maskell P, Pedersen T, Petersen B, et al. Learning Paths to Offshore Outsourcing: From Cost Reduction to Knowledge Seeking [J]. Industry and Innovation, 2007, 14 (3): 239-257.

[65] McCann F. The Heterogeneous Effect of International Outsourcing on Firm Productivity [J]. Review of World Economics, 2011, 147 (1): 85-108.

[66] Mcivor R. A Practical Framework for Understanding the Outsourcing Process [J]. Supply Chain Management: An International Journal, 2000, 5 (1): 22-36.

[67] McIvor R. The Outsourcing Process: Strategies for Evaluation and Management [M]. Cambridge University Press, 2005.

[68] Monczka Robert, P Carey W, J Markham William, A T Kearney Principal, Joseph Inc, Carter R. Outsourcing Strategically for Sustainable Competitive Advantage, 2019.

[69] Monteverde K, Teece D J. Supplier Switching Costs and Vertical Integration in the Automobile Industry [J]. The Bell Journal of Economics, 1982, 13 (1): 206-213.

[70] Neven Damien, Wyplosz Charles. Relative Prices, Trade and Restructuring in European Industry [R]. C. E. P. R. Discussion Papers, CEPR Discussion Papers, 1996. 1451. 10. 1093/0198293607. 003. 0003.

[71] Noorbakhsh F, Paloni A, Youssef A. Human Capital and FDI Inflows to Developing Countries: New Empirical Evidence [J]. World Development, 2001, 29 (9): 1593-1610.

[72] Prahalad C K, Hamel G. The Core Competence of The Corporation [J]. Harvard Business Review, 1990, 68 (3): 79-92.

[73] Quinn J B, Hilmer F. Strategic Outsourcing [J]. Sloan Management Review, 1994, 35 (4): 43-55.

[74] Quinn J B. Strategic Outsourcing: Leveraging Knowledge Capabilities [J]. Sloan Management Review, 1999, 40 (4): 9-21.

[75] Quélin B, Duhamel F. Bringing Together Strategic Outsourcing and Corporate Strategy: Outsourcing Motives and Risks [J]. European Management Journal, 2003, 21 (5): 647-661.

[76] Read B B. European Locations Forecast: Mixed [J]. Call Center Magazine, 2001, 14 (7): 104-117.

[77] Richardson R, Marshall J. Teleservices, Call Centres and Urban and Regional Development [J]. Service Industries Journal, 1999, 19 (1): 96-116.

[78] Sayek S, Sener F. Outsourcing and Wage Inequality in a Dynamic Product Cycle Model [J]. Review of Development Economics, 2006, 10 (1): 1-19.

[79] Swamidass P M, Kotabe M. Component Sourcing Strategies of Multinationals: An Empirical Study of European and Japanese Multinationals [J]. Journal of International Business Studies, 1993, 24 (1): 81-99.

[80] Thangavelu S M, Chongvilaivan A. The Impact of Material and Service Outsourcing on Employment in Thailand's Manufacturing Industries [J]. Applied Economics, 2011, 43 (27): 3931-3944.

[81] Ulrich D, Barney J B. Perspectives in Organizations: Resource Dependence, Efficiency, and Population [J]. The Academy of Management Review, 1984, 9 (3): 471-481.

[82] Wei Y D. Beyond New Regionalism, beyond Global Production Networks: Remaking the Sunan Model, China [J]. Environment and Planning C, Government & Policy, 2010, 28 (1): 72.

[83] Wei Y H D, Leung C K, Li W et al. Institutions, Location, and Networks of Multinational Enterprises in China: A Case Study of Hangzhou [J]. Urban Geography, 2008, 29 (7): 639-661.

[84] Wei Y H D, Leung C K. Development Zones, Foreign Investment, and Global City Formation in Shanghai [J]. Growth and Change, 2005, 36 (1): 16-40.

[85] Wei Y H D, Li W, Wang C. Restructuring Industrial Districts, Scaling

up Regional Development: A Study of the Wenzhou Model, China [J]. Economic Geography, 2007, 83 (4): 421-444.

[86] Wei Y H D, Lu Y, Chen W. Globalizing Regional Development in Sunan, China: Does Suzhou Industrial Park Fit a Neo-Marshallian District Model? [J]. Regional Studies, 2009, 43 (3): 409-427.

[87] Wei Y H D, Luo J, Zhou Q. Location Decisions and Network Configurations of Foreign Investment in Urban China [J]. Professional Geographer, 2010, 62 (2): 264-283.

[88] Wei Y H D. Regional Inequality in China [J]. Progress in Human Geography, 1999, 23 (1): 49-59.

[89] Wei Y. Beyond the Sunan Model: Trajectory and Underlying Factors of Development in Kunshan, China [J]. Environment and Planning A, 2002, 34 (10): 1725-1747.

[90] Williamson O E. The Economic Intstitutions of Capitalism [M]. Simon and Schuster, 1985.

[91] Williamson O E. The Institutions of Governance [J]. The American Economic Review, 1998, 88 (2): 75-79.

[92] Williamson O E. The Mechanisms of Governance [M]. Oxford University Press, 1996.

[93] Williamson O E. Transaction-cost Economics: The Governance of Contractual Relations [J]. Journal of Law and Economics, 1979, 22 (2): 233-261.

[94] Williamson O. E. Markets and Hierarchies: Analysis and Antitrust Implications: A Study of Internal Organization [M]. The Free Press, 1975.

[95] Wooldridge J. Introductory Econometrics: A Modern Approach [M]. Cengage Learning, 2012.

[96] Young S, Hood N, Wilson A. Targeting Policy as a Competitive Strategy for European inward Investment Agencies [J]. European Urban and Regional Studies, 1994, 1 (2): 143-159.

［97］Zhang X, Huang P, Sun L, et al. Spatial Evolution and Locational Determinants of High-tech Industries in Beijing［J］. Chinese Geographical Science, 2013, 23（2）：249-260.

［98］Zielinski R. The Offshoring of Teleservices：Opportunities and Macroeconomic Effects in Developing Countries［M］. University of East Anglia, 2004.

［99］鲍德温, 克拉克. 模块时代的经营［A］//青木昌彦, 安腾晴彦. 模块时代——新产业结构的本质［M］. 周国荣译. 上海：上海远东出版社, 1997.

［100］北京大学中国经济研究中心课题组（平新乔等）. 中国出口贸易中的垂直专门化与中美贸易［J］. 世界经济, 2006（5）：3-11.

［101］陈菲. 服务外包动因机制分析及发展趋势预测——美国服务外包的验证［J］. 中国工业经济, 2005（6）：67-73.

［102］陈蕾. 软件产业布局演进研究［J］. 高科技与产业化, 2011（4）：44.

［103］陈柳, 刘志彪. 本土创新能力, FDI技术外溢与经济增长［J］. 南开经济研究, 2006（3）：90-101.

［104］陈雯, 向俊波, 汪劲松. 二级城市新经济［M］. 上海：同济大学出版社, 2006.

［105］陈雯, 禚振坤, 赵海霞等. 水环境约束分区与空间开发引导研究——以无锡市为例［J］. 湖泊科学, 2008, 20（1）：129-134.

［106］陈雯. 空间均衡的经济学分析［M］. 北京：商务印书馆, 2008.

［107］程叶青. 中国承接欧美地区服务外包的模式与区位选择研究［D］. 天津财经大学硕士学位论文, 2010.

［108］狄乾斌, 韩增林. 我国海洋资源开发综合效益的评价探讨［J］. 国土与自然资源研究, 2003（3）：16-18.

［109］段学军, 虞孝感, 刘新. 长江三角洲地区30年来区域发展特征初析［J］. 经济地理, 2009（2）.

［110］冯之浚, 于丽英. 知识密集型服务创新与现代服务外包［J］. 科

学学研究，2007（6）：1025-1031.

[111] 耿学忠．长三角城市群服务外包产业的发展现状与对策分析［J］．南京邮电大学学报（社会科学版），2009（3）：31-35.

[112] 郭怀英．制造业服务化：国际趋势及其启示［J］．全球化，2013（9）：100-108.

[113] 黄先海，韦畅．中国制造业出口垂直专业化程度的测度与分析［J］．管理世界，2007（4）：158-159.

[114] 黄烨菁．国际服务外包的技术效应［R］．上海市经济学会学术年刊，2009：289-301.

[115] 季成，徐福缘．服务外包产业链［M］．上海：上海交通大学出版社，2011.

[116] 简兆权，王广发．广州服务外包发展的动因及影响因素分析［J］．科技管理研究，2010（19）：214-218.

[117] 简兆权，伍卓深．广州发展国际服务外包的经验借鉴与对策研究［J］．科技管理研究，2010（11）：88-91.

[118] 江小涓．服务全球化与服务外包：现状，趋势及理论分析［M］．北京：人民出版社，2008.

[119] 蒋红．影响苏州市承接国际服务外包产业发展因素的探析［D］．江苏大学硕士学位论文，2010.

[120] 蒋欢．金融服务外包及其风险研究［D］．湖南大学硕士学位论文，2005.

[121] 荆林波．质疑外包服务降低成本及引起失业的假说——以信息技术外包服务为例［J］．经济研究，2005（1）：117-123.

[122] 景瑞琴．人力资本与国际服务外包：基于承接国视角的分析［M］．北京：对外经济贸易大学出版社，2009.

[123] 邝希聪．承接外包对我国产业结构升级的影响研究［D］．湖南大学硕士学位论文，2009.

[124] 李健，宁越敏，汪明峰．计算机产业全球生产网络分析——兼论

其在中国大陆的发展［J］. 地理学报，2008，63（4）：437-448.

［125］李雷鸣，陈俊芳. 理解企业外包决策的一个概念框架［J］. 中国工业经济，2004，4（4）：94-95.

［126］李鹏飞，王缉慈. 服务外包的空间格局：理论框架与实证分析［J］. 中国软科学，2008（11）：50-57.

［127］李玉红. 国际外包的成因及效应研究［D］. 河北大学博士学位论文，2007.

［128］梁碧波. 贸易保护与幼稚产业的成长——国际的经验与中国的选择［J］. 国际经贸探索，2004，20（2）：20-23.

［129］林毅夫. 发展战略与经济发展［M］. 北京：北京大学出版社，2004.

［130］刘海虹，王长征. 内部化与外包——企业价值链活动范围的确定［J］. 管理世界，2003（8）：144-145.

［131］刘可文，曹有挥，王聪等. 区域政策、产业特性与中央企业空间布局演变［J］. 地理科学进展，2012，31（12）：1645-1655.

［132］刘绍坚. 生产性服务业发展趋势及北京的发展路径选择［J］. 财贸经济，2007（4）：96-101.

［133］刘绍坚. 中国承接国际软件外包的技术外溢效应研究［D］. 中国社会科学院研究生院博士学位论文，2008.

［134］刘小伟. 我国承接服务业外包影响因素研究：理论与实证［D］. 山东大学硕士学位论文，2008.

［135］刘晓昶，刘志彪. 论跨国公司的垂直专业化发展趋势——兼论中国企业的竞争战略［J］. 江海学刊，2001（4）：32-37.

［136］刘征驰. 服务外包组织治理模式与运行机制研究［D］. 湖南大学博士学位论文，2009.

［137］刘志彪. 服务业外包与中国新经济力量的战略崛起［J］. 南京大学学报（哲学·人文科学·社会科学版），2007（4）：49-58.

［138］刘志彪. 国际外包视角下我国产业升级问题的思考［J］. 中国经

济问题, 2009 (1): 6-15.

[139] 刘志阳, 施祖留. 模块化外包类型, 价值与风险研究 [J]. 福建论坛 (人文社会科学版), 2009 (8): 22-27.

[140] 卢锋. 当代服务外包的经济学观察, 产品内分工的分析视角 [J]. 世界经济, 2007 (8): 22-35.

[141] 卢锋. 我国承接国际服务外包问题研究 [J]. 经济研究, 2007 (9): 49-61.

[142] 卢群英. 离岸服务外包的区位选择研究 [D]. 上海社会科学院博士学位论文, 2011.

[143] 陆玉麒. 区域双核结构模式的形成机理 [J]. 地理学报, 2002, 57 (1): 85-95.

[144] 吕卫国, 陈雯. 制造业企业区位选择与南京城市空间重构 [J]. 地理学报, 2009, 64 (2).

[145] 吕延方. 全球化背景下中国承接和对外外包定量研究 [D]. 东北财经大学博士学位论文, 2009.

[146] 吕政, 杨丹辉. 国际产业转移的趋势和对策 [J]. 经济与管理研究, 2006 (4): 9-14, 24.

[147] 马卫红, 张娟. 我国发展服务外包的制约因素及对策思考 [J]. 对外经贸实务, 2007 (12): 58-60.

[148] 苗俊哲. 中国服务外包的区位因素及其实现模式研究 [D]. 华东师范大学硕士学位论文, 2010.

[149] 欧新黔. 服务业: 经济发展的新动力 [J]. 求是, 2005 (21): 38-40.

[150] 潘伟志. 产业转移内涵, 机制探析 [J]. 生产力研究, 2005 (10): 119-120.

[151] 平新乔. 产业内贸易理论与中美贸易关系 [J]. 国际经济评论, 2005 (5): 12-14.

[152] 曲玲年. 中国服务外包产业现状与展望 [N]. 国际商报, 2011-

06-21.

[153] 任志成, 张二震. 承接国际服务外包的就业效应 [J]. 财贸经济, 2008 (6): 62-66.

[154] 商务部. 中国服务外包发展报告 2007 [M]. 上海: 上海交通大学出版社, 2007.

[155] 商务部. 中国服务外包发展报告 2014 [M]. 北京: 中国商务出版社, 2014.

[156] 沈仰东, 宫长星. "归核化"战略的实施问题研究 [J]. 北方工业大学学报, 2004 (4): 5-9.

[157] 施忠, 康冬舟, 杜衡. 服务外包对经济社会贡献的调研与思考 [J]. 中国外资, 2003 (9).

[158] 石崧, 宁越敏. 劳动力空间分工理论评述 [J]. 经济学动态, 2006 (2): 101-105.

[159] 宋寒, 但斌, 张旭梅. 我国企业承接离岸服务外包风险与对策 [J]. 软科学, 2010 (10): 93-96.

[160] 宋丽丽. 跨国公司服务外包研究: 东道国和承接方视角 [D]. 复旦大学博士学位论文, 2008.

[161] 宋旭琴, 蓝海林, 向鑫. 相关多元化与归核化的研究综述 [J]. 科学学与科学技术管理, 2007 (1): 9-13.

[162] 孙先民, 张玉丽. 服务外包经济效应分析: 以印度为例 [J]. 商业研究, 2009 (8): 140-141.

[163] 孙晓琴, 黄静波, 张安民. 国际服务外包承接方政府政策研究 [J]. 广东社会科学, 2010 (6): 26-33.

[164] 谭力文, 田毕飞. 美日欧跨国公司离岸服务外包模式的比较研究及启示 [J]. 中国软科学, 2006 (5): 128-134.

[165] 田文, 刘厚俊. 产品内分工下西方贸易理论的新发展 [J]. 经济学动态, 2006 (5): 69-75.

[166] 田秀华. 中国承接国际服务外包业竞争优势分析: 钻石模型 [J].

经济经纬, 2010（3）: 61-64.

［167］童有好. 中印软件产业比较及中国发展机会分析［J］. 中国信息导报, 2006（5）: 54-59.

［168］托马斯·弗里德曼. 世界是平的: 21世纪简史［M］. 长沙: 湖南科学技术出版社, 2006.

［169］万斌. 2005年中国长三角区域发展报告［M］. 北京: 社会科学文献出版社, 2005.

［170］汪明峰, 宁越敏. 网络信息空间的城市地理学研究: 综述与展望［J］. 地球科学进展, 2002, 17（6）: 855-863.

［171］王冲. 承接离岸服务外包的影响因素研究——基于金砖四国面板数据的分析［D］. 山东大学硕士学位论文, 2012.

［172］王聪, 曹有挥, 姚士谋等. 长江三角洲地区城市全球化进程的时空差异分析［J］. 地理科学, 2013, 33（7）.

［173］王刊良, 王嵩. 面向外包的服务型城市发展转型——以西安为例［J］. 情报杂志, 2009（10）: 197-202.

［174］王旭东. 离岸服务外包接包地选择影响因素研究［D］. 东北财经大学硕士学位论文, 2010.

［175］王燕妮, 王利群. 印度服务外包发展模式分析及启示［J］. 科技管理研究, 2010（3）: 160-162.

［176］王远飞, 何洪林. 空间数据分析方法［M］. 北京: 科学出版社, 2007.

［177］王志乐. 跨国公司向全球公司转变四大战略调整［J］. 国际技术贸易, 2008（6）: 8.

［178］韦畅. 外包对承接国的效应分析及中国承接外包水平的实证研究［D］. 浙江大学硕士学位论文, 2006.

［179］吴锋. 生产边界与生产网络——全球生产网络研究述评［J］. 上海经济研究, 2009（5）: 103-110.

［180］吴敬琏. 中国增长模式抉择［M］. 上海: 上海远东出版

社，2006.

［181］吴琳．软件外包兴起的深层次分析［J］．经济研究导刊，2009 (11)：77-80.

［182］肖琛，陈雯，袁丰．服务外包产业发展规律和效应评估的研究进展［J］．长江流域资源与环境，2012，21（12）：1462-1467.

［183］徐毅，张二震．外包与生产率：基于工业行业数据的经验研究［J］．经济研究，2008（1）：103-113.

［184］徐毅．外包与工资差距——基于工业行业数据的经验研究［J］．世界经济研究，2011（1）：44-48.

［185］许媛，李靖华，盛亚．长江三角洲生产性服务业分工布局研究——以软件产业为例［J］．科技进步与对策，2009（7）：54-58.

［186］严启发．服务外包：我国经济发展的重大战略机遇［J］．经济研究参考，2006（61）：40-44.

［187］杨向阳，童馨乐．长三角地区服务业集聚的实证分析［J］．南京农业大学学报（社会科学版），2009（4）：59-64.

［188］杨小凯，张永生．新贸易理论、比较利益理论及其经验研究的新成果：文献综述［J］．经济学（季刊），2001（1）：19-44.

［189］杨小凯，张永生．新兴古典经济学与超边际分析［M］．北京：社会科学文献出版社，2003.

［190］姚士谋，陈爽．长江三角洲地区城市空间演化趋势［J］．地理学报，1998，53（S1）：1-10.

［191］尹建华，王兆华，苏敬勤．资源外包理论的国内外研究述评［J］．科研管理，2003，24（5）：133-137.

［192］于慈江．接包方视角下的全球IT和ITES离岸外包：跨国服务商与东道国因素研究［M］．北京：经济科学出版社，2007.

［193］虞孝感，王合生，崔大树．长江经济带发展的态势分析［J］．长江流域资源与环境，1999，8（1）：1-8.

［194］郁德强，王燕妮，李华．一种基于云计算的服务外包模式：云外

包［J］. 情报理论与实践，2012，35（8）：97-100.

［195］袁丰，魏也华，陈雯等. 苏州市区信息通讯企业空间集聚与新企业选址［J］. 地理学报，2010，65（2）.

［196］袁丰，魏也华，陈雯等. 无锡城市制造业企业区位调整与苏南模式重组［J］. 地理科学，2010，32（4）：401-408.

［197］甄峰，张敏，刘贤腾. 全球化、信息化对长江三角洲空间结构的影响的文章［J］. 经济地理，2004，24（6）：745-752.

［198］张京祥，罗小龙，殷洁. 长江三角洲多中心城市区域与多层次管治［J］. 国际城市规划，2008，23（1）：65-69.

［199］张磊，徐琳. 服务外包（BPO）的兴起及其在中国的发展［J］. 世界经济研究，2006（5）：33-38.

［200］张落成，吴楚材，季子修. 我国东部沿海地区差距状况以及经济低谷地区的崛起［J］. 长江流域资源与环境，2002，11（3）：203-208.

［201］张琼. 服务外包产业吸纳大学生就业现状［J］. 服务外包，2015（6）：78-80.

［202］张少军，刘志彪. 全球价值链模式的产业转移——动力，影响与对中国产业升级和区域协调发展的启示［J］. 中国工业经济，2009（11）.

［203］张旭辉. 物流外包的超边际分析［J］. 生产力研究，2008（3）：55-56.

［204］张佑印，顾静，黄河清. 中国区域旅游产业结构变化的空间差异分析［J］. 经济地理，2012（4）：155-159，172.

［205］张玉山. 国际服务外包对承接国服务业的促进效应研究［D］. 浙江大学硕士学位论文，2011.

［206］张云川，蔡淑琴. 离岸外包与中国软件产业发展的思考［J］. 科技进步与对策，2005，22（3）：42-43.

［207］赵鸿. 国际服务外包：运行机制与效应研究［D］. 上海社会科学院博士学位论文，2011.

［208］浙江省发展和改革委员会联合课题组. 把握服务外包发展新机

遇——浙江省服务外包发展现状及对策研究［J］.浙江经济，2008（1）：30-32.

［209］周立群，马宝鹏.天津市服务外包产业层级分析及对策建议［J］.天津经济，2010（12）：8-10.

［210］朱胜勇，李文秀.服务外包发展的影响因素及启示——基于部分OECD国家服务外包的分析［J］.软科学，2009（5）：9-13，17.

［211］朱晓明，中国服务外包研究中心.中国服务外包发展报告［M］.上海：上海交通大学出版社，2009.

［212］朱晓明.服务外包：把握现代服务业发展新机遇［M］.上海：上海交通大学出版社，2006.

［213］朱智.黑龙江省传统优势支柱产业服务外包发展研究［D］.哈尔滨商业大学博士学位论文，2010.

附　录

附录 A

参与调研企业名单：

无锡 NTT 数据有限公司

苏州道鑫供应链管理有限公司

南京绛门通讯科技有限公司

苏州得尔达国际物流有限公司

方正软件（苏州）有限公司

方舟信息技术（苏州）有限公司

苏州工业园区报关有限公司

江苏国泰新点软件有限公司

苏州恒莱国际货运有限公司

苏州宏智科技有限公司

佳能（苏州）有限公司

苏州市巨细信息科技有限公司

昆山中创软件工程有限责任公司

中兴通讯南京研发中心

联迪恒星（南京）信息系统有限公司

南京橙红信息科技有限公司

南京慧松信息工程有限公司

俊盟科技（苏州）有限公司
苏州星云网络科技有限公司
无锡友视互动科技有限公司
无锡指网生物识别科技有限公司

附录 B

服务外包企业调查问卷（节选部分）

企业基本状况

编号	问题	选项
	贵企业性质	☐ A. 国有控股企业 ☐ B. 民营控股企业 ☐ C. 中外合资，外资控股企业 ☐ D. 外商独资企业
	贵企业成立于	_____年
	贵企业从事外包业务的年数	_____年
	贵企业是否是分公司	☐ A. 是，母公司名称：_____ ☐ B. 否
	贵企业分支机构设立情况 （分支机构包括：子公司、分公司和办事处）	国内：_____个，分布在_____ 国外：_____个，分布在_____

企业经营

编号	问题	选项
	贵企业近5年的市场定位	☐ A. 以国内市场为主 ☐ B. 以国际市场为主 ☐ C. 国内和国际市场并重
	认为本行业前景如何	☐ A. 很好 ☐ B. 较好 ☐ C. 一般 ☐ D. 差

续表

编号	问题	选项
	是否有扩大企业规模的打算	□ A. 是 □ B. 否
	如果准备扩大规模，资金如何筹措	□ A. 企业资本 □ B. 银行贷款 □ C. 风险投资 □ D. 其他，请注明：_____
	贵企业选择何种扩张方式	□ A. 原地扩大 □ B. 本市其他地方投资 □ C. 到别的城市投资，请注明：_____
	贵企业开拓市场的主要障碍	□ A. 行业前景不好 □ B. 投资匮乏 □ C. 企业恶性竞争严重 □ D. 服务体系和设施不完备 □ E. 政策支持力度不够 □ F. 人才供给不足 □ G. 其他，请注明：_____

企业布局情况

编号	问题	选项
	贵企业选择在本区域投资的原因_____（最多选5项），其中，最关键的一项是_____	□ A. 类似企业集中，产业环境好 □ B. 离发包方近，跨国公司多 □ C. 本地市场潜力较大 □ D. 电信等基础设施好 □ E. 技术管理人才较多 □ F. 劳动力成本较低 □ G. 与当地大学和科研机构合作 □ H. 政府政策及优惠措施 □ I. 政府效率高，制度环境好 □ J. 信息资源丰富 □ K. 地理位置优越 □ L. 其他，请注明：_____
	贵企业是否布局在示范城市的示范园区	□ A. 是 □ B. 不是

续表

编号	问题	选项
	贵企业选择在示范园区布局的原因	☐ A. 便于企业间交流 ☐ B. 可享受政策优惠 ☐ C. 便于人才引进 ☐ D. 便于拓展业务 ☐ E. 其他，请注明：_____
	贵企业享受有关服务外包鼓励政策情况（多选）	☐ A. 享受人才培训政策 ☐ B. 享受企业认证扶持政策 ☐ C. 享受财政扶持政策 ☐ D. 享受税收扶持政策 ☐ E. 不了解本地服务外包鼓励政策情况
	贵企业对周边配套设施满意度	☐ A. 非常满意 ☐ B. 基本满意，还需进一步提高 ☐ C. 不满意，希望加强建设 ☐ D. 非常不满意

企业发展环境

编号	问题	选项
	贵企业发展中遇到的主要问题有哪些？	
	贵企业对服务外包的相关政策有什么建议？	

附录 C

商务部门访谈内容：

——本市服务外包产业的发展历程？（与国家倡导政策的呼应情况）

——本市服务外包产业具体发展情况，是否通过商务部"服务外包与软件出口信息管理系统"来统计？（历年外包额，外包内容，来源地情况，主要行业，ITO、BPO、KPO比例，从业人员，企业数量等）

——本市服务外包产业在全国21个示范城市、长三角地区、省内的排名情况如何？如何与长三角内其他城市角色分工？

——服务外包产业对本市的主要贡献？（经济增长/增加值或税收、就业拉动/就业占比、产业转型等）

——外包企业的分布格局和载体建设情况？（国家级、省级示范园区建设情况，企业的入驻情况）企业进入有何条件？

——相关支撑政策体系？与其他地市的区别？（财税、土地、人工等）

——本市发展服务外包的优势？目前存在哪些问题？发展定位与目标是什么？未来的设想？行业前景？市场空间？

园区访谈内容：

——园区基本情况介绍，服务外包产业发展历程（面积、成立时间、等级、产值、利润、外包类型、人员等）

——园区企业情况（企业数量、类型、产值、资质认证等）

——园区管理情况（管理模式、企业入园条件、为企业提供的服务内容、相关配套、政策扶持、资金扶持、人员培训等）

企业访谈内容：

——企业的基本情况介绍（成立时间、企业性质、外包领域等）

——企业员工情况（总人数、研发人员比例、员工是否紧缺、原因）

——企业布局情况（本地投资的主要原因）

——企业市场情况（国际/国内外包比例、ITO/BPO/KPO 比例、主要发包方、来源地、服务市场及比例）

——企业竞争力情况（是否高新技术企业/软件企业等、是否通过 CMMI/PCMM 等专业认证、企业优势、与发包方合作关系、发包方转移风险）

——企业发展障碍及未来设想（行业前景、是否扩张、扩张资金、扩张方式、扩张领域、目前困难、政府支持等）

后 记

本书是笔者在博士学位论文基础上修改而成。2009年4月，当我第一次来到南京，就被路边碧绿安静的梧桐树深深吸引，而我有幸攻读博士学位，在南京度过五年的美好时光。更加幸运的是，在中国科学院南京地理与湖泊研究所见到了我国最优秀的科学家们，结识了一批志同道合的朋友，这些成为我人生当中无比珍贵的财富。回顾五年的硕士、博士生活，我的内心充满了感恩之情。

首先，感谢我的博士导师陈雯研究员在我读博时，对我的学习、生活倾注的大量时间和心血。五年的生活伴随陈老师坦诚的谈话、严厉的批评和不断的鼓励而度过，陈老师不仅在科研事业上不厌其烦地教导我如何运用科学的方法研究问题，更在为人处世的各方面为我提供了诸多锻炼机会，这一切都令我受益终生。感谢我的硕士导师曹有挥研究员对我的严格要求和悉心指导，曹老师严谨的治学态度、儒雅的人格魅力让我深深折服。感谢我的师母卞怡老师五年来给予我母亲般的关怀和照顾。感激之情难以言表，唯愿各位老师安康幸福！

感谢虞孝感研究员、姚士谋研究员、董雅文研究员、段学军研究员、张落成研究员、陈江龙副研究员、赵海霞副研究员、吴威副研究员、孙伟副研究员、宋伟轩副研究员、吕卫国博士、袁丰博士、陈诚博士、梁双波博士、李平星博士、王玥博士对我学习过程的有益指导；感谢顾维玮老师、周惠军老师、杨奕老师对我平时学习生活的各种关照！在本书资料收集与调研过程中，还得到了江苏省商务厅李俊毅处长、无锡市商务局施忠处长、苏州市商务局盛逸仙处长、杭州市外经贸局孙书信处长等江浙商务部门领导以及中兴集团张俊亮经理等外包企业负责人的热情帮助，在此深表谢意！感谢陈晓师兄、王波师兄、武清华师姐在本书调研中给予我的帮助。

　　最后，谨以此书献给我挚爱的家人。我的父亲、母亲一直身体力行，教会我独立、善良的人生准则以及乐观向上的生活态度；我的姐姐、姐夫对我多年求学给予了无尽的支持和鼓励；我的外甥女禛禛总能在电话那头给我带来轻松和快乐。感谢家人，你们是我成长路上不竭的动力源泉！